조상들의 지혜
전통 의학

《조상들의 지혜 전통 의학》은 초등학교 교과서의 이런 단원과 관련이 깊어요.

 **5학년 1학기 사회**
1. 하나된 겨레
   (3) 삼국의 성립과 발전
2. 다양한 문화를 꽃피운 고려
   (4) 고려의 대외 관계와 무역
   (5) 고려의 과학과 기술
3. 유교 전통이 자리 잡은 조선
   (2) 조선의 문화와 과학의 발달

 5학년 2학기 사회
1. 조선 사회의 새로운 움직임
   (1) 영조·정조 시기의 사회 발전

 5학년 2학기 과학
1. 우리 몸

오십 빛깔 우리 것 우리 얘기 44

조상들의 지혜
전통 의학

우리누리 글 • 김은미 그림

주니어중앙

추천의 말

어린이가 꿈을 키우는 터전

꿈 많은 어린 시절엔 장대한 역사와 위대한 문화유산에 관한
책을 읽는 것이 좋다.
거기에는 어린이가 꿈을 키우는 터전이 있기 때문이다.
감수성 예민한 어린 시절엔 흥미로운 그림을 통하여
재미있게 이야기를 풀어간 책이 좋다.
그것은 시각적 인식을 통해 어린이의 상상력을 자극하기 때문이다.
『오십 빛깔 우리 것 우리 얘기』는 이런 필요조건을 갖춘
고급 어린이 교양도서라 할 만한 것이다.

유홍준
(전 문화재청장, 현 명지대 교수,
『나의 문화유산 답사기』 저자)

이 책을 추천해주신 선생님들

● 전래놀이, 풍속과 관련된 수업에 활용하고 있습니다. 옛 풍속과 관련해서 요즘에는 잘 사용하지 않는 용어들이 있어 아이들이 어려워하는데, 이 책에는 사진 자료와 함께 쉽고 정확하게 설명이 되어 있어 아이들이 이해하기 쉽게 되어 있습니다.
—손영수 선생님(가사초등학교)

● 아이들이 우리의 전통문화를 쉽게 접할 수 있도록 도움을 주는 소중한 자료입니다. 우리 학교 독서 퀴즈대회에서 매년 사용하는 책이랍니다.
—성주영 선생님(도당초등학교)

● 우리의 옛 풍습과 문화, 관혼상제 등에 대해 자세히 설명되어 있어 수업을 하기 전에 미리 읽어 오라고 하는 도서입니다.
—전은경 선생님(용산초등학교)

● 우리의 문화와 역사를 초등학생들이 이해하기 쉽도록 재미있는 옛이야기로 풀어낸 점이 가장 마음에 듭니다. 초등 교과와 연계된 부분이 많아 학교 수업에 많이 활용하는 도서입니다.
—한유자 선생님(삼일초등학교)

김임숙 선생님 (팔달초)　　조윤미 선생님 (화양초)　　이경혜 선생님 (군포초)　　염효경 선생님 (지동초)
오재민 선생님 (조원초)　　박연희 선생님 (우이초)　　박혜미 선생님 (대평중)　　이진희 선생님 (수일초)
최정희 선생님 (온곡초)　　정경순 선생님 (시흥초)　　박현숙 선생님 (중흥초)　　김정남 선생님 (외동초)
이광란 선생님 (고리울초)　김명순 선생님 (오목초)　　신지연 선생님 (개포초)　　심선희 선생님 (상원초)
문수진 선생님 (덕산초)　　정지은 선생님 (세검정초)　정선정 선생님 (백봉초)　　김미란 선생님 (도전초)
김미정 선생님 (청덕초)　　조정신 선생님 (서신초)　　김경아 선생님 (서림초)　　김란희 선생님 (유덕초)
정상각 선생님 (대선초)　　서흥희 선생님 (수일중)　　윤란희 선생님 (안산시근로자시민문화센터어린이도서관)

『오십 빛깔 우리 것 우리 얘기』를 펴내며
향기를 오롯이 담아낸 그릇

　『오십 빛깔 우리 것 우리 얘기』시리즈가 처음 출간된 지 어느덧 16년이 되었습니다. 그동안 수많은 어린이와 부모님, 그리고 선생님들의 사랑을 받으며 전 50권이 완간되었고, 어린이 옛이야기 분야의 고전(古典)이자 스테디셀러로 굳건히 자리매김해 왔습니다.

　이 시리즈는 '소중히 지켜야 할 우리 것'에 대한 이야기를 어린이를 위해 '쉽고 재미있게' 풀어쓴 책입니다. 내용으로는 선조들의 생활과 풍습 이야기, 문화재와 발명품 이야기, 인물과 과학기술·예술작품 이야기, 팔도강산과 고유 동식물 이야기 등 우리나라 역사와 전통문화 모든 영역을 총망라하고 있습니다. 그리고 이를 50가지 주제로 엮어 저학년 어린이도 얼마든지 볼 수 있도록 맛깔나는 옛이야기로 담아냈습니다. 장대한 역사와 위대한 문화유산을 배우기에 옛이야기만큼 좋은 형식도 없기 때문입니다.

　대한민국의 국민으로서 알아야 하고 전해야 할 우리 것, 우리 얘기는 아주 많습니다. 그동안 이 시리즈를 통해 많은 어린이가 우리 것을 알게 되고, 우리 얘기를 사랑하게 되었을 것입니다. 시간이 흘러도 역사와 전통문화의 향기는 변하지 않기 때문입니다.

하지만 저희는 그 향기를 담아내는 그릇이 그간 색이 바래고 빛을 잃었다는 사실에 가슴이 아프고 안타까웠습니다. 그래서 책에서 전하는 우리 것의 향기를 오롯이 담아낼 수 있는 새로운 그릇을 찾고자 하였습니다. 그 그릇을 통해 향기가 더욱 그윽해지고 멀리까지 퍼져서 수백 년, 수천 년 전의 우리 것이 오늘날에도 살아 숨 쉴 수 있도록 생명력을 주고자 하였습니다.

이에 몇 가지 원칙을 가지고 『오십 빛깔 우리 것 우리 얘기』 시리즈를 새롭게 출간하게 되었습니다.

◎ 원작이 가지는 옛이야기의 맛과 멋을 그대로 살렸습니다.
◎ 요즘 독자들의 감각에 맞추어 디자인과 그림을 50권 전권 전면 개정하였습니다.
◎ 교과 학습의 길잡이가 될 수 있도록 연계 교과를 표시하였습니다.
◎ 학습정보 코너는 유익함과 재미를 함께 줄 수 있도록 4컷 만화, 생생 인터뷰, 묻고 답하기 등으로 내용을 재구성하였고, 최신 정보와 사진을 수록하였습니다.
◎ 도표, 연표, 역사신문, 체험학습 등으로 권말부록을 풍성하게 꾸며서 관련 교과 학습을 강화하였습니다.

이 책을 처음 읽었을 8살 꼬마 독자는 지금쯤 나라와 민족에 긍지를 가진 25살 자랑스러운 대한민국 청년이 되었을 것입니다. 그 청년이 부모가 되어서도 자녀에게 다시 권할 수 있는 그런 책이 되기를 바라며, 이 시리즈를 오십 빛깔 그릇에 정성껏 담아 내어놓습니다.

2010년 가을 주니어중앙

세계가 인정한 전통 의학

　옛날에도 병원과 의사가 있었지만 오늘날과는 완전히 딴판이었어요. 의사가 아닌 의원이 자신의 집에서 진료를 하거나 아픈 사람의 집에 찾아가 치료했지요. 의원의 수가 많지도 않았고, 아프다고 해서 아무나 진료를 받을 수 있는 것도 아니었어요.
　의원이 지어 주는 약을 먹을 형편이 안 되는 사람들은 산과 들에서 나는 약초나 나무를 달여 먹거나 병을 치료하는 데 효과가 있다고 알려진 음식을 찾아 먹었답니다.
　우리가 한의학이라고 부르는 우리 전통 의학은 2,000년 넘게 이어져 왔어요. 우리나라·중국·일본은 거의 비슷한 의학의 전통을 갖고 있지요. 고구려, 백제, 신라의 삼국이 통일된 이후까지 우리의 전통 의학은 중국 의학에서 많은 영향을 받았으나, 고려 시대에 이르러서는 자주적으로 발전하기도 했어요.

　조선 시대에는 중국의 의서에 적힌 처방과 약재가 아닌 우리의 자연 환경과 신체 조건에 맞는 의학을 발전 시켰지요. 그런 노력이 큰 결실을 맺은 것이 바로 2009년 세계 기록 유산에 등재된 《동의보감》이랍니다.

　한의학은 한때 서양 의학에 밀려 비과학적인 학문으로 여겨지기도 했어요. 하지만 지금은 오히려 현대 의학이 고치지 못하는 병을 동양 의학을 사용해 고치는 일이 늘고 있어요.

　이 책에는 우리 조상들의 지혜와 슬기가 깃든 전통 의학에 관련된 이야기가 가득 담겨 있어요. 하늘과 땅과 사람은 하나라는 생각을 바탕으로 사람의 몸을 이해하고 병을 고치면서 건강한 삶을 살아온 우리 조상들의 발자취를 따라가 볼까요?

어린이의 벗 우리누리

차례

 **약으로 쓰는 풀 약초** 12
　백두 낭자·한라 도령의 **민간요법 이야기** 감기에 걸렸을 때 22

 **병을 고치는 바늘 침** 24
　백두 낭자·한라 도령의 **민간요법 이야기** 배탈이 났을 때 34

 **몸에 놓아 치료하는 불 뜸** 36
　백두 낭자·한라 도령의 **민간요법 이야기** 살갗이 햇볕에 탔을 때 46

 **일본 의학의 기초 삼국 시대 의학** 48
　백두 낭자·한라 도령의 **민간요법 이야기** 딸꾹질이 멈추지 않을 때 58

 **독창적인 의학 체계 고려, 조선의 전통 의학** 60
　백두 낭자·한라 도령의 **민간요법 이야기** 음식을 먹고 체했을 때 70

동양 의학의 전통과 지혜 《동의보감》 72
백두 낭자·한라 도령의 민간요법 이야기 눈이 아플 때 82

체질별로 다른 치료 사상 의학 84
백두 낭자·한라 도령의 민간요법 이야기 머리가 아플 때 94

조선 시대 여자 의사 의녀 96
백두 낭자·한라 도령의 민간요법 이야기 이가 아플 때 106

자연의 신비로운 힘 자연치료 108
백두 낭자·한라 도령의 민간요법 이야기 피부병에 걸렸을 때 118

병을 예방하는 비법 밥이 보약 120
백두 낭자·한라 도령의 민간요법 이야기 코피가 날 때 130

부록 교과가 튼튼해지는 우리 것 우리 얘기 132
- 약차로 건강을 지켜요
- 발 마사지로 건강을 지켜요

약으로 쓰는 풀
약초

옛날에는 자식의 배가 아프면 어머니는 주문을 외우듯 가락을 읊조렸어요.

엄마 손은 약손 아기 배는 똥배
약아 약아 들어가고 똥아 똥아 나오너라.

그러면서 아이의 배를 살살 문지르거나 약초를 달여 먹이기도 했어요. 그러면 아이의 아픈 배가 씻은 듯이 나았어요.

약초는 약이 되는 풀이나 나무를 말해요. 우리 조상들은 병이 나면 산과 들에서 캐어 온 약초를 이용하여 병을 치료하곤 했어요. 옛날에는 의사의 수가 적었기 때문에 웬만큼 큰 병이 아니면 집에서 스스로 고치는 방법을 알고 있어야 했어요. 그래서 산과 들에 있는 풀이나 나무 중에서 어떤 것이 어떤 병을 낫게 하는지 틈틈이 익혀 두었대요.

동물들도 약초가 병을 낫게 한다는 사실을 알았나 봐요.

어느 날, 한 선비가 산속을 걸어가고 있는데 구렁이가 새끼 족제비를 물고 있었어요.

"저런, 새끼 족제비가 구렁이한테 잡아먹히겠구먼. 구렁이 이놈,

썩 물러가지 못하겠느냐, 에잇!"

선비는 돌멩이를 집어 들어 구렁이에게 힘껏 던졌어요. 돌멩이를 맞은 구렁이는 새끼 족제비를 놓아주고는 풀숲으로 스르르 사라졌어요.

바로 그때 어미 족제비가 새끼 족제비 곁으로 다가왔어요. 어미 족제비는 구렁이에게 물려 피를 흘리고 있는 새끼 족제비를 살펴보았어요. 그러더니 어딘가에서 풀 한 포기를 가져와 새끼 족제비의 상처에 문질렀어요. 그러자 놀랍게도 상처에서 흐르던 피가 딱 멈추었지요.

예로부터 우리나라에서 나는 약초는 품질이 좋고 약효가 높기로 중국과 일본에 널리 알려져 있었어요. 약초는 기후와 산지, 토질에 따라 종류가 다르고 같은 종류라고 해도 채취하는 시기나 장소, 날씨에 따라 약효와 품질이 다르거든요. 또 같은 풀이라 할지라도 꽃, 잎, 줄기, 뿌리, 열매 등 부위에 따라 효능이 각기 다르게

나타나고요.

"어머나, 열이 펄펄 끓네. 어쩌지?"

갑자기 열이 심하게 날 때 쓰는 약초로는 '인동초'가 있어요. 인동초는 '금은화'라고도 불리는데 꽃을 먹으면 열이 내린다고 해요. 그런데 이 금은화에는 슬픈 전설이 전해 내려오고 있어요.

옛날 어느 두메산골에 마음씨 좋은 부부가 살고 있었어요. 그런데 이들 부부에게는 자식이 없었어요. 부부는 매일매일 정화수를 떠 놓고 간절히 기도했어요.

"비나이다, 비나이다, 천지신명께 비나이다. 자식 하나만 점지해 주세요."

그러던 어느 날, 부부의 꿈에 백발노인이 나타났어요.

"곧 쌍둥이 자매가 태어날 것이니라. 자매의 이름을 금화, 은화로 짓도록 하여라."

백발노인의 말대로 부부는 쌍둥이 자매를 낳았고, 금화와 은화를 정성껏 길렀어요.

처녀가 된 금화와 은화는 선녀처럼 아름다웠고 마음씨는 비단결처럼 고왔어요. 자매는 어디든 그림자처럼 늘 함께 다니며 사이좋게 지냈지요.

"금화 언니, 우리 헤어지지 말고 오래오래 같이 살아."

"그래, 은화야. 우리는 같은 날에 태어났으니 같은 날에 죽자꾸나."

그런데 갑자기 금화가 이름 모를 병에 걸려 앓아누워 버렸어요. 열이 펄펄 끓고 온몸에 붉은 반점이 솟아났어요. 은화는 이런 언니를 극진히 간호했지요. 그런데 불행하게도 은화마저 같은 병을 얻게 되었어요.

얼마 후, 쌍둥이 자매는 한날한시에 숨을 거두었는데 죽기 전에 이런 말을 남겼어요.

"우리가 죽으면 약초가 되어 이런 병으로 죽는 사람이 없도록 하겠어요."

이듬해 쌍둥이 자매의 무덤에서
한 줄기 덩굴이 자랐어요.

시간이 흘러 여름이 되자 하얗고 가녀린 꽃이 피더니 흰 꽃이 이내 노랗게 변했어요.

마을 사람들은 이 꽃을 금화와 은화의 영혼이 담긴 꽃이라 여겼어요. 그 뒤, 자매의 뜻대로 금은화의 꽃은 열병을 치료하는 약으로 사용되었다고 해요.

약초에 얽힌 전설은 대부분 약초의 생김새나 효능과 연관되어 있지요. 다음 이야기도 한번 들어 보아요.

옛날에 어느 임금님이 백성들이 어떻게 사는지 몹시 궁금했어요. 그래서 신하 몇 명과 함께 나라 안을 돌아보기로 했지요. 백성처럼 변장한 임금님과 신하들이 한 마을을 지나가다가 이상한 광경을 보게 되었어요.

웬 나이 어린 소녀가 회초리를 들고서 머리가 하얗게 센 노인을 쫓아다니는 것이었어요. 마침내 노인을 붙잡은 소녀는 회초리를 높게 쳐들고 호통쳤어요.

"잡았다, 요 녀석. 어디 회초리로 혼 좀 나 봐라."

그러자 노인은 두 손을 싹싹 비비며 소녀에게 용서를 구하는 것이었어요.

"아이고, 한 번만 봐 주십시오. 제발 딱 한 번만요."

이 모습을 본 임금님과 신하들은 어처구니가 없었어요. 임금님은 소녀에게 다가가 큰소리로 나무랐어요.

"예끼! 버릇없는 녀석 같으니라고. 너는 어찌하여 할머니를 때리려 하느냐?"

그런데 임금님이 꾸짖는데도 소녀는 조금도 뉘우치지 않는 것이었어요. 오히려 임금님을 똑바로 쳐다보며 말했어요.

"얘는 내 손녀요. 할머니가 손녀를 때리는 것이 뭐가 잘못이란 말이오?"

소녀의 말을 들은 임금님은 화가 나서 얼굴빛이 붉으락푸르락했어요.

"이렇게 늙은 노인이 네 손녀라니 감히 나를 놀리느냐?"

그러자 소녀는 집 안으로 들어가더니 잠시 후 어떤 약초를 가지고 나와 임금님에게 내밀어 보이며 말했어요.

"믿기 어렵겠지만 이 약초를 평생 먹다 보니 이렇게 머리도 검어지고 빠진 이도 다시 났다오."

소녀의 말에 임금님은 조심스럽게 물었어요.

"그럼 지금 네 나이는 몇 살이냐?"

"내 나이는 120살이라오."

깜짝 놀란 임금님은 소녀가 들고 있는 약초를 가리키며 다시 물었어요.

"그게 사실입니까? 그렇다면 그 약초의 이름은 뭡니까?"

"이 약초는 구기자라고 하오. 구기자의 잎, 줄기, 뿌리, 열매를 먹으면 나처럼 젊게 살 수 있다오."

궁궐에 돌아온 임금님은 소녀가 알려준 대로 구기자를 먹고 젊고 건강하게 오래 살았다고 해요.

우리 조상들은 약초를 하늘이 준 최고의 선물이라고 생각했어

세포의 노화를 막아 주는 구기자의 모습이에요.

요. 소나무·참나무·느티나무·느릅나무, 마당에 피어 있는 맨드라미·봉숭아·나팔꽃 그리고 길옆에서 자라는 애기똥풀·갈대·달맞이꽃 같은 잡초까지 하찮게 여기지 않았어요. 그랬기 때문에 사람에게 이로운 약초로 이용할 수 있었던 것이지요.

우리 조상들은 산과 들에서 자라는 풀이나 나무를 가지고 병에 따라 약초를 골라 먹었어요. 약초를 통해 건강한 생활을 한 우리 조상들이야말로 가장 과학적이고 자연 친화적인 민족 아니었을까요?

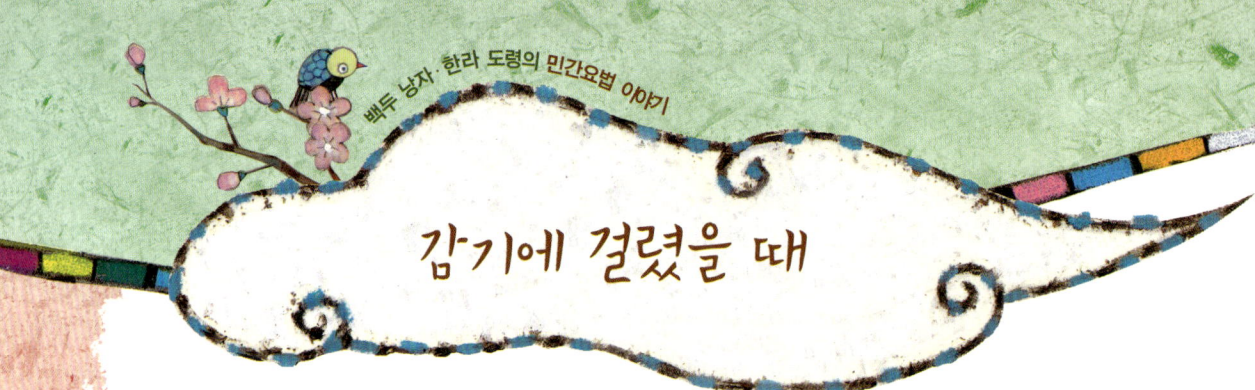

감기에 걸렸을 때

옛날에는 감기를 '고뿔'이라고 했어요. 고뿔은 '코에 불'이 났다는 뜻이에요. 감기에 걸려 코가 막히면 코 안에 염증이 생겨 마치 불이 난 것처럼 코가 화끈거려서 그렇게 부른 것이랍니다. 전통 의학은 찬 기운이 몸속에 들어와 몸의 상태를 어지럽히는 것을 감기라고 했어요. 그래서 몸속에 들어온 찬 기운을 잘 다스려 감기를 낫게 하는 방법을 썼지요.

오래전부터 우리나라 사람들이 감기에 걸렸을 때 많이 쓰는 방법이 있어요. 방에 장작불을 때고 뜨끈한 아랫목에 누워 땀을 쏙 빼면서 쉬는 것이지요. 고춧가루를 듬뿍 넣어 끓인 콩나물국을 먹는 것도 감기를 물리치는 방법 중 하나였어요. 이런 방법은 지금도 사용되고 있어요.

《동의보감》에서는 도라지가 허파·목·코·가슴의 병을 다스린다고 해요.

> 감기 때문에 가래가 심하면 은행을 볶아 먹으면 좋아요.

감기가 심할 때 비타민이 많은 과일을 먹는 것도 좋은 방법이에요. 과일을 그냥 먹는 것도 좋지만 익히거나 차로 마시는 것이 흡수가 빨라 더 좋답니다. 잘 씻어 말린 귤껍질이나 모과로 차를 끓여 마셔도 감기에 좋지요. 배는 기침과 열을 다스리는 과일이에요. 그래서 기침이 심하고 목이 따끔거릴 때는 배숙을 먹으면 좋아요.

배숙은 배 속을 파내고 그 안에 엿이나 꿀을 넣고 달인 다음, 그 속에 고인 물을 먹는 거예요.

감기로 코가 막히면 뜨거운 물수건을 코와 이마 사이에 올려놓고 상체를 높이고 누워 있으면 거짓말처럼 코가 뚫린답니다.

배숙

모과차

병을 고치는 바늘
침

　　조선 시대 최고 의원인 허준이 아직 이름이 나지 않았던 시절의 이야기예요.

　어느 날 허준은 지체 높은 성 대감 댁 부인이 몸져 누웠는데 어느 의원도 병을 고치지 못한다는 소문을 듣게 되었어요. 그래서 침통을 챙겨 그 집으로 찾아갔어요.

　성 대감은 젊고 행색이 남루한 허준을 보자 매우 못마땅해하며 말했어요.

　"감히 이름 없는 풋내기 의원이 병자를 고치겠다는 말이냐?"

　허준은 성 대감의 차가운 눈빛을 피하지 않고 당당히 대답했어요.

"이름난 의원만이 병을 고치는 건 아니옵니다."

그러자 허준을 쏘아보던 성 대감은 태도를 바꿔 하인에게 명령했어요.

"병자를 보여 주어라."

방 안에는 정경부인이 누워 있었어요. 정경부인은 몸의 오른쪽이 마비되어 손가락 하나, 발가락 하나도 마음대로 움직이지 못했어요. 허준은 병자를 본 순간 막막했어요.

'생각보다 병세가 깊군.'

성 대감은 초조한 듯 허준에게 물었어요.

"어떤가? 나을 수 있겠는가?"

허준은 정경부인의 왼팔을 들어 맥을 짚어 보았어요. 그리고 한참 지난 후에야 입을 열었어요.

"먼저 약을 드시고 체력을 회복한 후에 침을 쓰겠습니다."

며칠 뒤, 허준은 정경부인의 곁에 앉아 침통을 풀었어요. 침통에는 뾰족한 침들이 가득 했어요.

허준이 가장 가느다란 침을 꺼내 들더니 정경부인의 정수리를 헤집기 시작했어요. 침 놓을 자리를 찾은 허준은 실오라기처럼 가는 침을 정경부인의 정수리에 꽂았어요. 옆에서 지켜보던 성 대감은 마른침을 꿀꺽 삼켰어요.

 그런 다음 병자의 몸 다른 부위에도 침을 놓기 시작했어요. 가슴, 배, 뒤통수, 무릎, 다리에 차례로 침을 꽂았다 뽑기를 되풀이했어요. 저녁 무렵부터 침을 놓기 시작한 것이 날이 훤히 밝은 새벽이 되어서야 끝이 났지요.

 그리고 또 며칠이 흘렀어요.

 "대감마님, 대감마님, 큰일 났사옵니다! 마님께서 마님께서……."

 하인의 다급한 목소리에 성 대감이 벌떡 일어나 정경부인의 방으로 달려갔어요. 방문을 열어젖히자 정경부인이 걸음마를 배우는 아기처럼 두 다리를 후들거리며 걷는 모습이 보였어요. 수년 동안 꼼짝도 못하고

자리에만 누워 있던 정경부인이 일어서서 걷게 된 것이었어요.

"무릎을 드십시오. 더, 더……."

정경부인은 허준을 따라 방 안을 한 바퀴 돌았어요. 정경부인의 두 눈에서는 눈물이 마구 흘렀어요.

"허 의원, 허 의원, 고맙네."

성 대감도 감격하여 허준을 와락 껴안았답니다.

이 이야기에서 보듯이 우리 조상들은 병을 고칠 때 침을 많이 사용했어요. 침이 바늘처럼 생겼다고 해서 서양 의학의 주사와 비슷하다고 생각하면 안 돼요. 주사는 주사기에 약물을 담아 바늘을 혈관에 찔러 약물을 집어넣는 것이지만 침은 그렇지 않아요.

침을 놓는 자리를 '경혈'이라고 해요. 만약 음식을 먹다가 체해서 위가 소화를 시키지 못하는 상태라면, 위에 침을 놓을 수 없으므로 위와 관련된 경혈에 침을 놓아 급체를 고치지요. 이것이 경혈에 침을 놓아 병을 치료하는 원리랍니다. 전통 의학에서 엑스레이로 몸속을 찍거나, 칼로 몸을 째고 수술하는 방법이 발달하지 않은 것은 이런 까닭 때문이지요.

침과 관련된 다른 신기한 이야기를 들어 볼래요?

바로 아홉 개의 침으로 침술을 겨루는 '구침지희'가 있어요. 침

아홉 개를 살아 있는 닭의 몸에 침 머리가 보이지 않을 정도로 깊숙이 찔러 넣어 닭이 아파하거나 죽게 만들어서는 안 되는 시합이지요.

옛날 조선 최고의 두 의원이 구침지희로 침술 대결을 벌였어요. 한 사람은 궁중에서 임금과 왕족의 진료를 맡아 보던 양예수였고, 한 사람은 유의태라는 젊은 시골 의원이었어요.

하인이 닭 두 마리를 가져오자 양예수가 유의태에게 명령했어요.

"자, 시작하거라."

유의태가 먼저 첫 번째 침을 닭의 가슴팍에 찔러 넣었어요.

"나리의 차례이옵니다."

양예수는 첫 침을 닭의 등줄기에 깊숙이 꽂았지요.

"두 번째!"

유의태는 두 번째 침을 닭의 등줄기에 꽂았어요. 뒤이어 양예수가 닭의 다리에 침을 찔러 넣었어요.

세 번째 침은 양예수와 유의태 모두 날개 아래에 놓았어요. 그 사이 침술 대결을 벌인다는 소문이 쫙 퍼지고 두 사람 주위에는 많은 사람들이 몰려왔어요. 신기한 침술 대결을 보려는 구경꾼은 자꾸자꾸 늘어났어요.

유의태와 양예수가 네 번째, 다섯 번째, 여섯 번째 침을 번갈아 놓았어요.

"어디서 배운 솜씨인지 제법이구나."

양예수가 빈정대며 말했어요. 유의태는 대꾸하지 않고 모기 주둥이처럼 날카로운 일곱 번째 침을 꺼내 들었어요.

"자, 이번엔 일곱 번째 침이옵니다."

유의태는 일곱 번째 침도 성공시켰어요. 그런데 양예수의 이마에는 땀이 방울방울 맺혔어요. 사람들은 눈을 떼지 않고 숨죽이며 대결을 지켜보았어요.

"저렇게 침을 더 맞다가는 닭이 죽고 말 거야."

"그래도 아직은 무사하잖소."

"쉿, 조용히들 하시오! 아직 대결이 끝나지 않았소."

유의태는 망설이는 양예수를 재촉했어요.

"왜 못 찌르십니까? 설마 닭이 불쌍해서 못 찌르는 건 아니겠

지요?"

양예수는 진땀을 흘리며 간신히 일곱 번째 침을 놓았어요. 그러자 닭이 마구 퍼덕거렸어요.

"일곱 개까지는 누구든지 다 찌를 수 있습니다. 하지만 명의라면 아홉 개를 다 찔러야 하겠지요."

유의태가 양예수를 쏘아보며 말했어요.

"이번엔 내가 먼저 하겠다."

여덟 번째 침을 든 양예수의 손이 떨리는 듯했어요. 양예수는 닭의 이곳저곳을 살펴보다가 여덟 번째 침을 놓았어요. 뒤이어 유의태도 조금도 망설이지 않고 여덟 번째 침을 놓았어요.

이제 마지막 침 한 개가 남았지요. 양예수는 이마에 맺힌 땀을 닦으며 머뭇머뭇 망설였어요. 유의태는 그런 양예수를 똑바로 쳐다보며 큰소리로 말했어요.

"닭이 침을 다 맞고도 멀쩡하게 돌아다니려면 마지막 아홉 번째 침은 어디를 찔러야 하겠습니까? 모르십니까? 바로 여기입니다."

유의태는 닭의 꼬리 쪽에 침을 밀어 넣었어요.

"모두들 비키시오."

구경하던 사람들이 와르르 뒤로 물러섰어요. 유의태는 아홉 개의 침을 맞은 닭을 마당으로 던졌어요.

"푸드득 푸드득!"

유의태의 닭은 날개를 파닥거리며 마당을 돌아다녔어요.

양예수도 닭을 마당으로 던졌어요. 하지만 양예수의 닭은 몇 번 바동거리더니 더 이상 움직이지 않았지요. 창피한 나머지 한동안 말이 없던 양예수가 입을 열었어요.

"내가 졌다."

풋내기 시골 의원이 임금님을 돌보는 조선의 어의를 이긴 것이에요.

침을 잘 놓느냐 못 놓느냐의 차이는 비싸고 좋은 침을 쓰느냐가

침술에 사용하는 바늘은 금이나 은으로 만든 것을 써요.

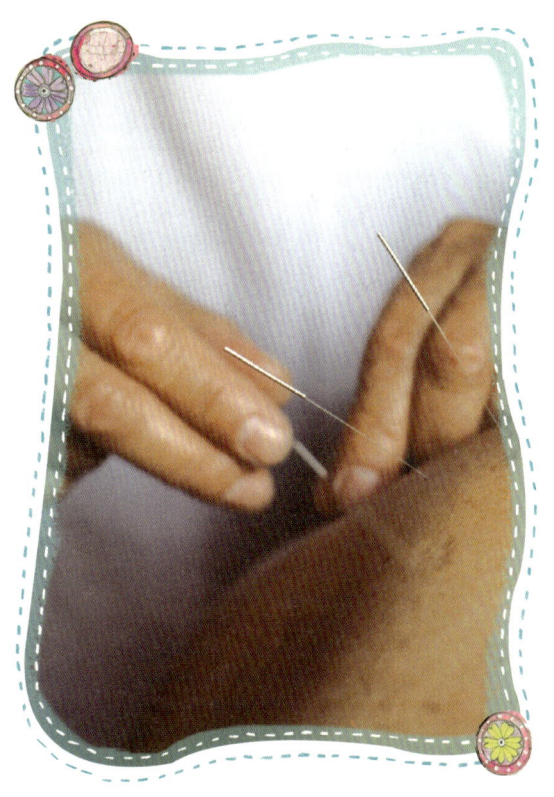

결정하는 것이 아니에요. 몸에 대해 잘 알고 있어야 하고, 병이 어떻게 생겼는지, 또 그 병이 몸속의 어떤 부분과 관련이 있는지를 완벽하게 이해하고 있어야 한답니다.

 오늘날에는 서양 의학에서도 침술을 이용해 다양한 병을 치료하고 있어요. 침의 효능은 미국과 유럽 여러 곳에서 높이 평가되고 있어요. 국제 보건 기구도 침의 질병 치료 효과를 공식적으로 인정할 정도예요. 한때 서양 의학에 밀려 설 자리가 없었던 침술을 비롯한 전통 의학의 치료 방법은 병이 많아진 현대에 적극적으로 이용되고 있답니다.

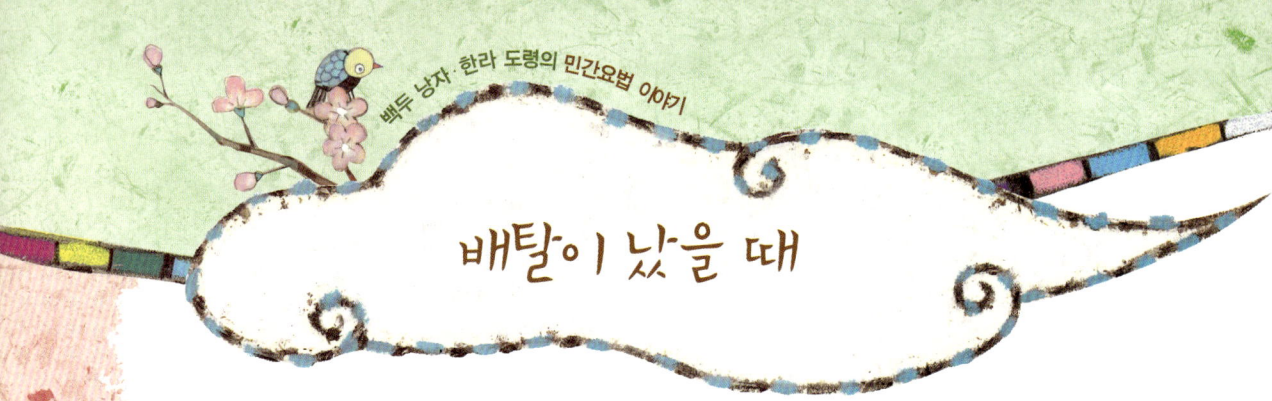

배탈이 났을 때

백두 낭자·한라 도령의 민간요법 이야기

배탈은 배가 아프거나 설사하는 병을 말해요. 배는 항상 따뜻해야 소화도 잘 되고 탈도 나지 않아요. 우리가 배라고 부르는 부분에는 위, 소장, 대장 같은 장기가 있어요. 이 장기들은 대부분 소화를 담당해요. 음식이 장기 안에 머무르는 동안 장기는 운동을 해야 하는데 배가 차가우면 정상적인 운동을 할 수가 없답니다.

갑자기 차가운 음식을 먹거나 너무 많이 먹으면 배탈이 나는 것도 이런 이유 때문이에요. 그래서 우리 조상들은 시원하게 마시는 전통 음료수인 수정과를 만들 때 따뜻한 성질을 지닌 계피를 함께 넣고 끓였지요. 계피는 맛이 매우면서 달아서 위장의 소화를 돕거든요.

계피와 수정과

배탈이 났을 때 유용한 민간요법 몇 가지를 알아볼까요?

손으로 배를 쓱쓱 쓸어 주면 신기하게도 아픈 배가 낫곤 해요. 손의 따뜻한 기운이 차가운 배를 진정시켜 주는 효과가 있거든요.

볶은 소금을 헝겊에 싸서 배꼽 밑에 감아 배를 따뜻하게 하고 볶은 땅콩을 10개쯤 껍질째 잘 씹어 먹어도 좋아요. 감 한 개에 우유 한 컵을 부은 뒤 꿀을 한 숟가락 넣고 감을 달여서 마셔도 배앓이를 멈출 수 있어요.

사람의 몸은 체온을 일정하게 유지하려고 해요. 한여름 더위로 체온이 오르는 것을 막기 위해 몸속 열을 몸의 표면으로 내보내지요. 그러면 상대적으로 몸속은 차가워져요. 그래서 전통 의학에서는 한여름에도 차가운 음식을 권하지 않는답니다.

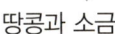

땅콩과 소금

몸에 놓아 치료하는 불
뜸

전통 의학에서는 병을 고치는 데 첫째는 침이고 둘째는 뜸이며 셋째가 약이라고 했어요. 뜸은 불을 이용해서 병을 다스리는 치료법이에요.

살갗 위에 단단히 말아서 뭉친 약초를 올려놓고 불을 붙여 불씨의 기운으로 경혈에 자극을 주어 병의 증상을 가라앉히는 것이지요. 침은 경혈에 놓는다고 했지요? 뜸도 경혈에 뜨는데 화상을 입을 만큼 뜨겁지는 않아요.

뜸 치료법이 등장하게 된 것은 인간이 불을 이용할 줄 알게 된 이후일 거예요.

"다리가 아프고 찌릿찌릿 저려."

한 원시인이 다리를 절뚝절뚝 절었어요. 그러자 옆에 있던 다른 원시인이 아픈 원시인을 데리고 장작불 옆으로 다가갔어요.

"불을 쬐어 봐라."

아픈 원시인은 다친 다리를 장작불에 쬐었어요. 그때 갑자기 '파파파팍' 장작불에서 불똥이 튀었어요. 그런데 하필이면 아픈 원시인의 다친 다리에 튀었지 뭐예요? 아픈 원시인의 다친 다리가 화상을 입어 벌겋게 달아올랐어요. 그런데 이게 웬일이에요? 아픈 원시인은 불똥 때문에 화상을 입긴 했지만 희한하게도 다리에 있던 통증이 사라졌다는 걸 알아챘어요. 자리에서 일어나 천천히 걸어 보고 다시 조금 빨리 걸어 보더니, 이제는 덩실덩실 춤까지 추는 것이었어요.

"다리가 아프지 않아. 저리지도 않아."

장작불에서 튄 불똥 덕분에 우연히 병을 고치게 됨으로써 사람들은 뜸 치료법에 대해 알게 된 것이었지요.

뜸에 사용하는 약초로는 쑥을 가장 많이 써요. 쑥은 쑥쑥 잘 자란다고 해서 쑥이지요. 그만큼 주위에서 흔히 구할 수 있고 단군 신화에 나올 만큼 역사가 아주 오래된 식물이랍니다.

까마득한 옛날, 하늘나라를 다스리는 옥황상제의 아들인 환웅에게는 인간 세상을 다스려 보겠다는 꿈이 있었어요. 그래서 옥황상제는 환웅에게 태백산으로 내려가 인간 세상을 다스리도록 했지요.

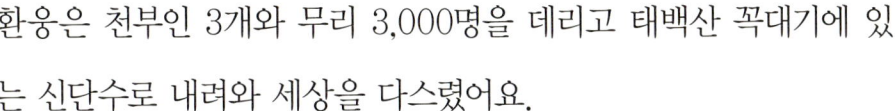

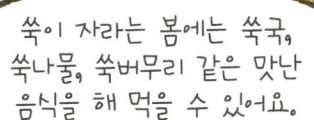

쑥이 자라는 봄에는 쑥국, 쑥나물, 쑥버무리 같은 맛난 음식을 해 먹을 수 있어요.

환웅은 천부인 3개와 무리 3,000명을 데리고 태백산 꼭대기에 있는 신단수로 내려와 세상을 다스렸어요.

그러던 어느 날, 곰과 호랑이가 환웅을 찾아왔어요.

"환웅님, 저희가 사람이 되게 해 주세요."

그러자 환웅은 곰과 호랑이에게 쑥 한 줌과 마늘 스무 개를 주며 말했어요. 굴에 들어가 100일 동안 햇빛을 보지 않고 오직 쑥과 마늘만 먹으라고 했어요. 그러면 소원대로 사람이 될 수 있을 거라고 했지요.

곰과 호랑이는 쑥과 마늘을 받아서 굴속으로 들어갔어요. 동굴 생활은 생각보다 힘들고 참기 어려웠어요. 결국 호랑이는 참지 못하고 뛰쳐나가고 말았어요. 그러나 곰은 끝까지 남아 참고 견뎠어요.

드디어 100일이 지났고, 곰은 소원대로 사람이 되었어요. 그 사람이 웅녀예요. 웅녀가 낳은 아들이 바로 우리 겨레의 시조인 단군이지요.

쑥뜸은 다양한 병을 고치는 데 이용되었어요. 침으로 못 고치는 병은 쑥뜸으로 고친다는 말이 있을 정도로 오랜 옛날부터 치료 효과를 인정받아 왔지요.

쑥뜸으로 어머니의 병을 고친 효자 이야기를 한번 들어 볼래요?

옛날, 어느 산골 마을에 장쇠라는 마음씨 착한 나무꾼이 살고 있었어요. 장쇠는 홀어머니를 모시고 있었지요.

하루는 장쇠가 마당에서 장작을 패고 있는데, 갑자기 노루 한 마리가 절뚝거리며 사립문 안으로 들어오는 것이었어요. 노루는

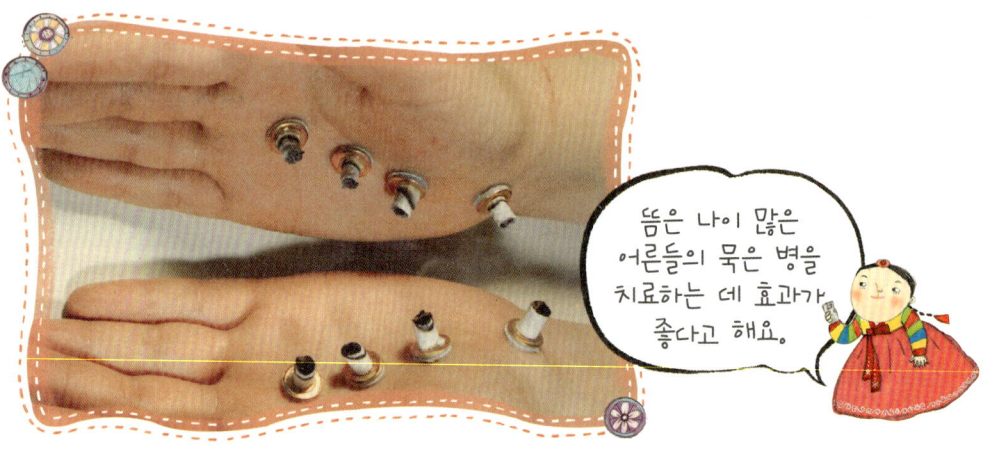

뜸은 나이 많은 어른들의 묵은 병을 치료하는 데 효과가 좋다고 해요.

사냥꾼의 화살을 맞아 피를 뚝뚝 흘리고 있었지요.

"저런, 불쌍하기도 해라. 사냥꾼에게 쫓기고 있나 보군. 노루야, 어서 이리 숨어라."

장쇠는 낑낑거리는 노루를 얼른 장작더미 뒤에 숨겨 주었어요. 얼마 후, 화살을 든 사냥꾼이 집 앞을 지나가다 물었어요.

"이보오, 혹시 화살 맞은 노루 못 봤소?"

"아, 웬 노루 한 마리가 저쪽으로 가더이다."

장쇠는 시치미를 딱 떼고 대답했어요. 사냥꾼은 장쇠가 가리킨 곳을 향해 뛰어갔어요. 사냥꾼의 모습이 보이지 않자 장쇠는 노루에게 서둘러 말했어요.

"노루야, 사냥꾼이 다시 오기 전에 어서 달아나거라."

노루는 고맙다고 인사라도 하듯 고개를 꾸벅 숙이더니 사냥꾼이 뛰어간 반대 방향으로 도망쳤어요.

"노루의 상처가 빨리 나아야 할 텐데……."

장쇠는 절뚝거리며 도망가는 노루를 걱정스럽게 바라보며 중얼거렸어요.

그런데 그해 겨울, 장쇠의 어머니가 갑자기 병에 걸리고 말았어요. 장쇠는 용한 의원들을 찾아다녀 보았지만 어머니의 병세는 날이 갈수록 심해졌지요.

그러던 중 이웃 마을에 유명한 의원이 왔다는 소문을 듣게 되었어요. 장쇠는 어머니를 업고 이웃 마을로 가 보았어요. 의원은 장쇠의 어머니를 진찰해 보더니 고개를 절레절레 저었어요.

"어머니의 병은 고치기 어렵겠소. 그래도 딱 한 가지 방법이 있긴 하네."

"그게 뭡니까? 어머니의 병을 고칠 수만 있다면 뭐든지 하겠습니다."

"어머니의 병을 고치려면 7년 묵은 쑥이 필요하오. 그 쑥으로 뜸

을 뜨면 병을 고칠 수 있을 것이오."

 봄에는 대문 밖에만 나가도 흔히 볼 수 있는 것이 쑥이지만 이 추운 겨울에, 그것도 7년이나 묵은 쑥을 구하는 것은 불가능했어요. 하지만 효자인 장쇠는 포기할 수 없었지요.

 그날 이후로 장쇠는 눈 덮인 산속을 헤매고 다녔어요. 하마터면 낭떠러지에 떨어질 뻔하고 눈 속에 갇혀 얼어 죽을 뻔하며 모진 고생을 다했어요. 하지만 7년 묵은 쑥은 어디에서도 찾을 수 없었지요.

 "아, 제발 어머니의 병이 낫게 도와주십시오."

 장쇠는 눈밭에 털썩 주저앉아 울부짖었어요. 그때 어디선가 노루 한 마리가 입에 풀을 물고 다가오는 것이 보였어요. 자세히 보니 지난번에 장쇠가 구해준 노루였어요.

 노루는 입에 물고 있던 풀을 살며시 장쇠 앞에 내려놓았어요.

"아니, 이건 쑥이 아니냐? 설마 이 쑥이······."

장쇠가 놀란 눈으로 노루를 쳐다보자 노루는 고개를 끄덕이더니 이내 산속으로 사라졌어요. 노루가 가져다 준 쑥이 정말 7년 묵은 쑥이라면 어머니를 고칠 수 있어요. 이런 생각이 들자 장쇠는 머뭇거릴 수 없었어요.

장쇠는 한달음에 의원에게 달려갔고, 의원은 노루가 준 쑥으로 어머니에게 쑥뜸을 떴어요. 그러자 신기한 일이 일어났어요. 시름시름 앓던 어머니의 상태가 점점 좋아졌던 거예요. 그러더니 얼마 안 가서 어머니의 병은 씻은 듯이 나았답니다.

뜸은 의사가 아니더라도 집에서 쉽게 뜰 수 있어요. 우리 선조들은 뜸의 효능을 알고 주변에서 흔하게 구할 수 있는 풀을 이용해 뜸으로 건강을 지켰답니다.

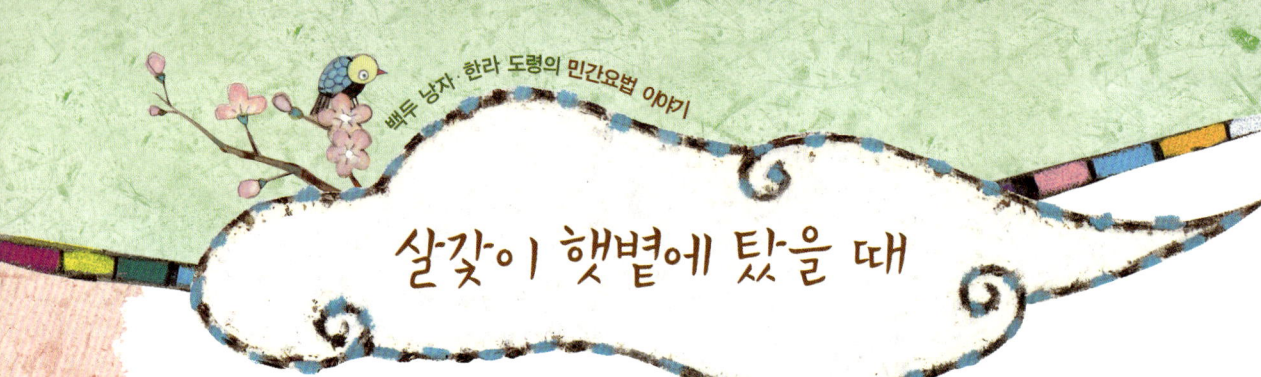

살갗이 햇볕에 탔을 때

뜨거운 햇볕이 쨍쨍 내리쬐는 날에는 살갗이 타기 마련이에요. 특히 여름철에 햇볕을 오래 쬐면 살갗이 빨갛게 달아올라 상하게 되지요.

햇볕에 탄 피부는 화상을 입은 상태와 같아요. 따라서 열을 빨리 식히는 것이 좋아요. 화끈거리는 부위를 찬물이나 얼음으로 찜질해 열기를 식히는 것이 중요해요. 물집이 생기면 균이 들어갈 수도 있기 때문에 터뜨리지 않아요.

살갗이 햇볕에 탔을 때 유용한 민간요법을 알아보아요.

얼굴이 새까맣게 그을리면 미역이나 다시마를 깨끗이 씻어 얼굴 위에 얹어 두면 좋아요.

미역과 다시마가 열을 내리는데 좋아요.

미역

다시마

　먹고 남은 수박 껍질의 흰 부분을 얇게 저며 그을린 얼굴에 살살 문질러도 좋아요. 수박의 하얀 속껍질은 열을 내리는 작용을 하거든요.

　집에서 쉽게 구할 수 있는 재료로 햇볕에 탄 살갗을 치료해 볼까요?

　먼저, 오이를 강판에 갈아 물기를 짜 낸 건더기에 올리브기름이나 우유를 섞어 크림처럼 만들어요. 이것을 얼굴에 바르고 20~30분이 지난 후에 오이 찌꺼기를 깨끗이 닦아 내면 돼요. 매일 꾸준히 해 주면 살결이 뽀얗게 예뻐지지요.

　해바라기씨가 있다면, 씨를 반으로 쪼개어 얼굴 전체에 발라요. 그러면 해바라기씨 속에 있는 지방 성분이 살갗을 보호해 준답니다.

　어때요? 가벼운 병은 생활 주변에서 손쉽게 얻을 수 있는 재료로 치료한 우리 조상들의 민간요법, 정말 대단하지 않나요?

매일 꾸준히 하면 살결이 뽀얗게 예뻐져요.

일본 의학의 기초
삼국시대 의학

한 젊은이가 산속을 걸어가고 있었어요.

"이런, 서두르지 않으면 산속에서 날이 어두워지겠는걸."

젊은이는 길을 재촉했어요. 하지만 산 중턱에 이르자 날이 저물고 금세 칠흑같이 깜깜해졌어요. 젊은이는 주위를 두리번거렸어요. 그때 저 멀리서 불빛이 보였어요.

"깊은 산중인데 인가가 있어 다행이야. 오늘 밤은 저기서 묵어야겠군."

젊은이는 불빛을 향해 다가가 문 밖에서 조심스럽게 사람을 불렀어요.

"계십니까? 계십니까?"

잠시 후 험악하게 생긴 할아버지가 방문을 열고 나오는 것이 보였어요. 할아버지는 사립문을 열고 말없이 젊은이를 방으로 안내했어요. 자리에 누운 젊은이는 잠을 이룰 수가 없었어요. 할아버지의 섬뜩한 눈빛이 머리에서 지워지지 않았거든요.

'그래도 호랑이한테 잡아먹히는 것보다 낫겠지. 날이 새자마자 떠나자.'

그때, 밖에서 이상한 소리가 들려왔어요.

"휘익 휙, 슈웅 슝!"

젊은이가 방문 틈으로 밖을 내다본 순간 하마터면 소리를 지를 뻔했어요.

할아버지가 마당에서 빙글빙글 재주를 넘고 있었는데 바지 사이로 호랑이 꼬리가 보이는 것이 아니겠어요! 더욱 놀라운 것은 할아버지가 재주를 넘을 때마다 온갖 다른 동물로 변하는 것이었어요.

'오호, 대단한 변신술이야. 어쩜 저렇게 변신할 수 있는 거지?'

젊은이는 숨을 죽이고 계속 지켜보았어요. 그때 갑자기 할아버

지가 고개를 휙 돌리더니 젊은이를 향해 나오라고 손짓했어요. 깜짝 놀란 젊은이는 벌벌 떨며 밖으로 나왔어요.

"변신술을 배우고 싶다면 가르쳐 주지. 대신 내가 시키는 일은 뭐든지 해야 해."

할아버지의 말에 젊은이는 대답 대신 고개를 끄덕거렸지요.

다음 날부터 젊은이는 호랑이 할아버지를 위해 밥을 짓고 빨래를 하고 청소를 했어요. 그렇게 세월이 흘러 삼 년이 지났어요. 하지만 호랑이 할아버지는 젊은이에게 변신술을 가르쳐 주기는커녕 이른 아침부터 늦은 저녁까지 힘든 일만 시켰어요. 젊은이는 더는 참을 수가 없었어요.

"애당초 나한테 변신술 따윈 가르쳐 줄 생각이 없었던 거야."

젊은이는 떠나기로 결심했어요. 그리고 날이 밝자마자 호랑이 할아버지를 찾아갔어요.

"변신술을 가르쳐 주지 않으니 그만 떠나겠습니다."

호랑이 할아버지는 번뜩이는 눈빛으로 젊은이에게 말했어요.

"내가 변신술을 가르쳐 주지 않았다고? 넌 이미 변신술을 할 줄 알 텐데."

호랑이 할아버지의 말을 듣고 젊은이는 할아버지가 하던 대로 빙글빙글 재주를 넘어 보았어요. 그러자 놀랍게도 온갖 동물로 변신을 하는 것이었어요.

"그동안 날 위해 일해 준 대가로 한 가지 더 가르쳐 주마."

호랑이 할아버지는 벽장 깊숙이 넣어 둔 침통에서 날카로운 침을 꺼내 들고 말을 계속했어요.

"이것은 침이라는 건데, 이것만 있으면 낫지 못하는 병이 없다."

호랑이 할아버지는 젊은이에게 침통을 건네면서 말했어요.

"이 침으로 사람들의 병을 고쳐 주도록 하여라."

"고맙습니다. 반드시 그렇게 하겠습니다."

젊은이는 넙죽 엎드려 호랑이 할아버지에게 절을 했어요. 호랑이 할아버지에게 침술을 배운 젊은이는 산에서 내려와 침으로 사람들의 병을 고쳐 주었지요.

과연 할아버지의 말대로 낫지 않는 병이 없었어요. 그후로 젊은이는 많은 사람들로부터 존경을 받는 의원이 되었답니다.

이 이야기는 고구려의 유명한 의원인 '안작득시'에 관한 전설이에요. 안작득시의 손을 거치면 낫지 않는 병이 없다고 일본에까지 소문이 날 만큼 대단한 의술을 가지고 있었다고 해요. 이로써 고구려 의학의 발전 정도를 짐작할 수 있어요.

백제의 의학은 어땠을까요?

백제는 '약부'라는 관청을 만들어 의학을 연구했어요.《백제신집방》이라는 의학서를 만들어 약초로 약을 만드는 방법, 약을 달이는 방법과 먹는 방법 같은 많은 의료 지식과 경험을 정리했어요.

백제에는 '덕래'라는 이름난 의원이 있었어요. 원래는 고구려 사람인데 백제로 건너와 백제 사람이 되었지요. 백제의 개로왕은 덕래를 무척 아끼고 자랑스러워했어요.

그러던 어느 날, 개로왕이 덕래를 궁궐로 불러들였어요.

"전하, 부르셨사옵니까?"

덕래는 개로왕에게 공손히 고개를 숙였어요. 그런데 개로왕은 뒤돌아 앉은 채 덕래를 보려 하지 않았어요. 당황한 덕래는 조금 큰 소리로 물었어요.

"전하, 어디가 편찮으시옵니까?"

하지만 개로왕은 대답은커녕 여전히 꿈쩍도 하지 않았어요. 덕래는 영문도 모른 채 한참 동안이나 꼼짝없이 서 있어야 했지요.

이윽고 개로왕이 입을 열었어요.

"덕래는 즉시 이 나라를 떠나거라."

개로왕의 말에 덕래는 가슴이 철렁 내려앉았어요.

"제가 고구려 사람이라고 내쫓는 것이라면 억울하옵니다. 전 이미 백제 사람으로 살아온 지 오래입니다. 하지만 전하의 뜻이 그러하다면 따르겠사옵니다."

덕래는 뒤돌아 앉아 있는 개로왕에게 큰절을 올렸어요. 그제야 개로왕은 돌아앉아 덕래를 바라보며 말했어요.

"그게 아니니라. 실은 일본 왕이 도움을 청해 왔다. 우리의 의술을 배우고 싶다고 했느니라. 그러니 일본으로 건너가 너의 뛰어난 의술을 전해 주거라."

덕래와 같은 훌륭한 의원을 떠나보내야 하니, 개로왕도 마음이 아팠던 것이었어요. 그래서 차마 덕래를 똑바로 볼 수 없었지요.

이렇게 해서 덕래는 일본으로 건너가 난파라는 곳에 정착하여 백제의 한의학을 일본에 전했어요. 일본에서도 덕래는 대단한 명성을 얻었어요. 그의 자손들도 대를 이어 난파에서 의업에 종사했는데 후에 난파약사라는 칭호를 얻게 되었답니다.

신라에도 일본으로 건너가 의술을 베푼 김무라는 의원이 있었어요. 신라 실성왕 13년에 있었던 일이에요.

"전하, 일본에서 사신이 찾아와 급히 전하를 뵙고자 하옵니다."
"어서 들라 이르라."

 실성왕의 허락이 떨어지자마자 얼굴이 하얗게 질린 일본 사신이 허둥지둥 뛰어 들어왔어요.
 "살려 주십시오, 제발 살려 주십시오."
 일본 사신은 이마가 바닥에 닿을 정도로 머리를 조아리며 말했어요.
 "무턱대고 살려 달라니 그게 무슨 말인고?"
 실성왕은 일본 사신을 똑바로 앉게 한 다음 다시 물었어요.
 "살려 달라니 누가 죽기라도 한단 말인가?"

잠시 후, 흥분을 가라앉힌 일본 사신은 차근차근 이야기를 시작했어요.

"우리 일본 윤공왕께서 원인 모를 무서운 병에 걸렸사옵니다. 그런데 일본에 있는 의원들은 왕의 병을 고칠 수 없다고 하옵니다. 왕이 매우 위독하오니 제발 살려 주십시오."

일본 사신은 눈물을 뚝뚝 흘리며 애원했어요. 실성왕은 곧바로 신하들을 불러 명령했어요.

"여봐라, 우리 신라의 의원을 일본에 보내도록 하라."

그리하여 김무가 일본에 가게 되었어요. 일본에 간 김무는 윤공왕의 병을 정성껏 치료했어요. 그리고 얼마 후, 누구도 고치지 못한 왕의 병은 씻은 듯이 나았어요. 일본 사람들은 김무의 의술에 한 번 놀라고 신라의 의술에 또 한 번 놀랐지요. 이렇듯 삼국 시대 의학은 이웃 나라 일본에 전해져 일본 의학이 발전하는 데 커다란 영향을 주었어요.

딸꾹질이 멈추지 않을 때

딸꾹질은 왜 나오는 걸까요? 흔히 딸꾹질하는 사람에게 '뭘 훔쳐 먹었느냐?'라고 물어보곤 하는데 이 말은 어느 정도 맞는 말이에요.

우리 몸속에는 가슴과 배로 나뉘는 곳에 '횡격막'이라고 하는 아주 튼튼한 근육이 있어요. 횡격막은 위로 조금 볼록한 모양이에요. 들숨을 쉬면 볼록한 부분이 수축해 횡격막은 납작해지고, 날숨을 쉬면 원래 모양으로 되돌아가요.

그런데 음식을 너무 급하게 삼키는 바람에 호흡을 제대로 못했거나, 갑작스런 자극을 받아 횡격막이 수축된 상태에서 풀려나지 못하면 딸꾹질이 나지요. 그러니 남몰래 음식을 훔쳐 먹느라 급하게 삼키다 보면 딸꾹질이 날 수도 있는 것이랍니다.

딸꾹질이 생기는 원인은 다양하고 사람마다 달라요. 우리 조상들은 어떤 방법으로 딸꾹질을 멈추었는지 알아볼까요?

물을 천천히 마시면 딸꾹질을 멎게 할 수 있어요. 물을 마셔서 호흡을 가다듬을 수 있으니까요.

풀의 가지나 종이 심지로 콧구멍을 간질여 재채기가 나오게 해요.

코와 입을 막고 잠깐 동안 숨을 참아요.

뒤에서 몰래 다가와 놀라게 해요.

그 밖에 다른 방법들도 알아볼까요?

작은 찻숟가락 정도 분량의 설탕을 먹어요. 이때 혀에 설탕을 올리고 천천히 녹이는 것이 중요해요. 또 다른 방법은 잘게 간 얼음을 씹어 먹는 거예요. 이것은 갑자기 아주 찬 음식을 먹어 횡격막을 한 번 더 놀래 주어 딸꾹질을 멎게 하는 방법이지요.

딸꾹질을 오랫동안 한다고 해서 몸에 해롭지는 않아요. 하지만 딸꾹질이 계속될 때는 다른 병이 있나 의심 할 필요가 있어요.

독창적인 의학 체계
고려, 조선의 전통 의학

우리 몸은 음양의 기운으로 이루어졌어요. 음양은 자연을 이루는 기운이기도 해요. 음과 양은 늘 함께 있는 한 쌍이에요. 이 세상의 모든 것은 서로 한 쌍을 이루고 있어요. 하늘과 땅, 해와 달, 물과 불, 남자와 여자 등이 서로 짝을 이루고 있지요.

세상은 음과 양의 조화로 이루어져 있어요. 하늘은 양이고 땅은 음이며, 해가 비치는 것은 양이고 그늘진 것은 음이에요. 남자는 양의 기운이고 여자는 음의 기운이지요.

사람은 자연의 기운을 받아 살아요. 그래서 자연의 기운을 받고 사는 사람의 몸은 작은 우주이지요. 음과 양으로 이루어진 우주가 스스로 균형을 이루고 조화롭게 돌아가듯이 사람의 몸도 음과 양이 조화를 이루어야 건강하지요.

한의학에서는 병이 나면 우리 몸의 음양의 조화가 깨졌기 때문이라고 보아요. 그래서 한의사는 아픈 사람의 맥을 짚어 보고 침을 놓고 뜸을 뜨고 한약을 먹게 하여, 몸이 서서히 균형을 되찾게 도와주지요. 이같이 우리 몸의 조화와 균형을 중요시하는 한의학은 서양 의학과 근본적으로 달라요.

삼국이 통일되고 우리나라와 중국의 교류가 잦아졌어요. 이때 우리 한의학은 중국 의학과 서로 영향을 주고 받으며 더욱 발달했어요. 중국 의학 서적들과 우리나라에 없는 약재들이 많이 들어오게 되었고 더불어 의원들도 자주 왕래를 했지요.

고려 중기에는 한의학이 자주적으로 발전하면서 고유한 체계를 갖추게 되었어요. 그리고 이 시기에 고려 최초의 의학 서적인《제중입효방》,《어의촬요방》,《향약구급방》이 편찬되었어요.

《향약구급방》은 백성들이 구하기 쉬운 약초들을 가지고 손쉽게 질병을 치료하는 방법을 소개해 놓은 것이에요. 지금까지 전해지는 우리나라 최고의 의학 서적이에요.

《향약구급방》에 소개된 약초 가운데 질경이에 얽힌 이야기를 들어 볼래요?

옛날에 전쟁에서 패하고 퇴각하는 장군이 있었어요. 그 무렵 계속되는 극심한 가뭄에 논밭은 마르고 농작물은 모두 말라 죽어 가고 있었어요. 군사들은 먹을 것을 찾아다녔지만 마실 물조차 구할 수 없었어요.

"장군님! 군사와 말이 마실 물과 먹을 것이 부족해서 죽어 가고 있습니다."

장군도 어쩔 도리가 없는 힘든 상황이 계속되었지요. 목마름과 굶주림으로 많은 군사와 말들이 죽어 갔고 그 수는 날이 갈수록 늘어났어요.

그나마 살아 있는 군사들도 물을 마시지 못해 아랫배가 붓고 오줌에 피가 섞여 나오는 지경이 되었어요. 장군에게는 말 세 필과 마차 한 량이 있었는데, 그 말들까지도 피가 섞인 오줌을 누었어요.

그러던 어느 날, 피가 섞인 오줌을 싸던 말들이 점차 기운을 되찾는 것이었어요.

"도대체 어찌된 일이지? 죽어 가던 말들이 무엇을 먹었기에 상태가 좋아졌을까?"

말을 관리하는 마부는 말들이 있던 주변을 살펴보았어요. 자세히 보니 마차 주위에 잎이 돼지 귀처럼 생긴 풀이 돋아 있었어요.

　말들은 며칠 동안 그 풀을 뜯어 먹었는데, 신기하게도 오줌이 깨끗해지고 기운도 차린 것이었어요. 마부는 그 풀의 신비한 약효를 장군에게 알렸어요.

　"장군님! 말들이 이 풀을 먹고 원기를 되찾았습니다."

　마부의 말을 들은 장군은 그 풀을 군사들에게도 먹였어요. 그러자 군사들도 건강을 회복하게 되었어요.

　"이 풀이 어디에 있었느냐?"

　장군의 물음에 마부는 장군을 장막 밖으로 안내했어요.

"이 마차 앞에 돋아나 있었습니다."

말들이 먹은 풀은 다름 아닌 질경이였어요. 질경이의 잎과 씨는 오줌이 잘 나오게 하고 균을 물리치는 효능이 있거든요. 그 이후로 질경이는 마차의 앞에 있었다 해서 '차전초'라는 이름으로 불리었지요.

고려 시대에는 치료를 위한 관청들이 속속 등장했어요. 궁중에서 질병 치료를 담당하는 '태의감', 왕과 왕실 사람들의 진료를 맡아보는 '상약국'이 있었어요.

백성들을 위해서는 '제위보', '동서대비원', '혜민국'이 설치되었고요. 이들 관청에서는 병자를 비롯해 고아, 노인, 굶주린 이를 돌보는 일을 했어요. 혜민국에서는 백성들에게 약을 만드는 재료인 약재를 나누어 주기도 했어요.

조선 시대에는 한의학이 눈부시게 발전했어요. 초기에는 고려 한의학의 전통을 이어받았어요. 그러다가 점차 조선의 독창적인 색깔을 띠게 되었지요.

1431년 세종대왕은 명의들을 불러 모아 이렇게 말했어요.

"사람들이 가까운 데 있는 것을 푸대접하고 먼 데 있는 것을 구하려 한다. 병든 사람들이 중국의 구하기 어려운 약만을 찾으려 하다가 결국 약을 구하지 못해 병마에 쓰러지는구나."

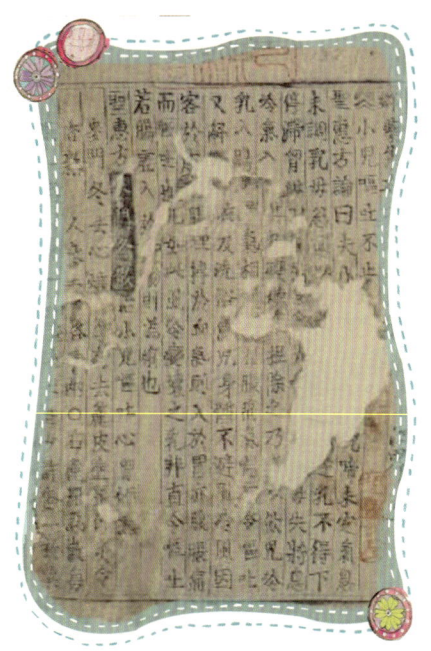

우리 약초와 중국 약재의 효능을 비교하고, 조선 팔도에서 자라는 약초를 꼼꼼히 조사해서 편찬한 《향약집성방》이에요.

세종대왕은 고려 시대 한의학의 성과를 바탕으로 먼저 향약 연구에 힘을 쏟아 《향약집성방》을 편찬하도록 했어요. 향약이라는 말은 중국이 아니라 우리 땅에서 나는 약재를 뜻해요.

《향약집성방》 덕분에 백성들은 우리 땅에서 쉽게 구할 수 있는 약재로 병을 고칠 수 있게 되었지요.

또한 1445년에는 세종대왕의 명으로 수많은 의학 서적들을 총정리한 《의방유취》가 완성되었어요. 《의방유취》는 365권으로 된 의학 백과사전으로 책을 읽는 데만 10년이 걸린다고 할 정도로 많은 내용을 담고 있어요.

《의방유취》가 편찬되어, 우리의 한의학은 중국 의학에서 벗어나 점차 독자적인 길로 나아갈 수 있게 되었답니다.

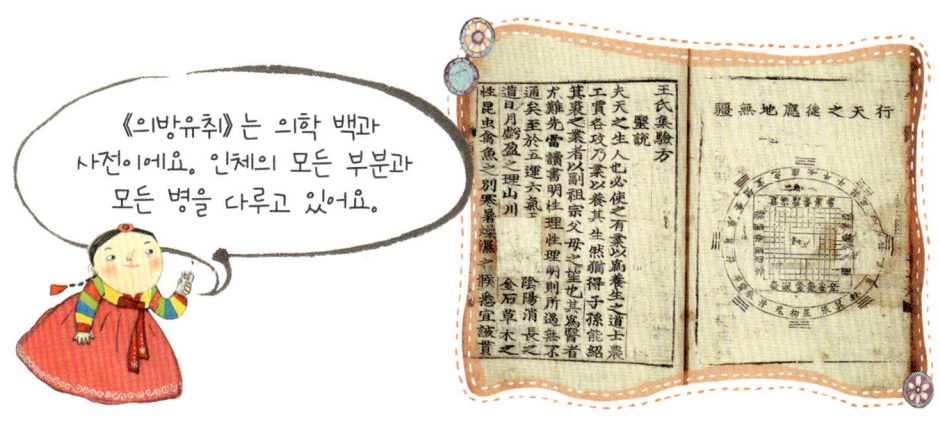

《의방유취》는 의학 백과사전이에요. 인체의 모든 부분과 모든 병을 다루고 있어요.

조선의 의학을 이야기할 때 《향약집성방》, 《의방유취》와 함께 조선 3대 의서로 꼽히는 《동의보감》을 빼놓을 수 없어요.

《동의보감》은 1596년 선조 임금의 명으로 허준을 비롯한 정작, 양예수, 김응탁, 이명원, 정예남 등의 의원들이 만들기 시작했어요. 1597년 정유재란을 맞아 편찬이 중단되었는데, 전란이 끝난 후 허준이 홀로 편찬 작업을 다시 시작해 1610년에 완성했지요.

허준은 《동의보감》 앞부분에서 조선 의학에 대한 자부심을 드러냈어요.

"우리나라는 예로부터 동쪽에 위치하여 의학을 크게 발전시켜 왔다. 그러므로 우리나라 의학을 동의라고 부를 수 있을 것이다."

'동의'란 중국 의학이 아닌 '동의학', 즉 조선의 의학을 가리키는 말이었어요.

조선 말기에는 이제마가 쓴 《동의수세보원》이라는 책이 간행되면서 의학계가 깜짝 놀라는 일이 벌어졌어요.

《동의수세보원》은 사람이 왜 병에 걸리는지 사람의 체질을 나누고 체질에 따라 어떻게 치료하는지 모두 집대성했어요.

"사람의 체질에 따라 치료법도 달라야 합니다."

이제마는 사람들의 여러 체질을 연구하면서 '사상 의학'이라는 새롭고 독창적인 의학 체계를 주장했어요. 《동의보감》이 나온 지 280여 년 후에 펴낸 《동의수세보원》은 기존의 의학 개념과 전혀 다른 새로운 의학의 틀을 세운 의학서예요.

예전 의학은 병을 중심에 놓았다면 사상 의학은 사람을 중심에 놓고 병을 진단하고 치료했지요. 사상 의학은 세계 어디에서도 찾아볼 수 없는 우리나라 고유의 독창적인 의학 체계랍니다.

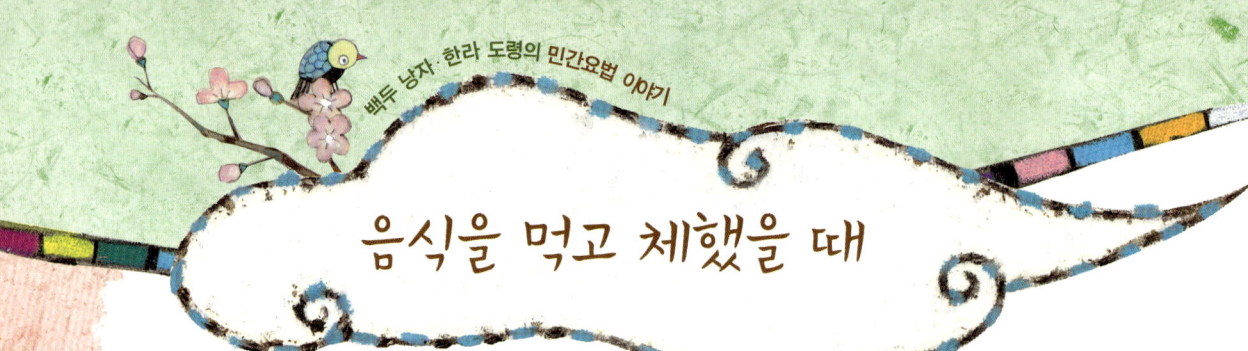

음식을 먹고 체했을 때

　음식을 먹고 체했을 때 어떤 증세가 나타날까요? 머리가 아프고 어지럽고 손발이 차가워지고, 감기에 걸리지 않았는데도 열이 나고 식은땀이 난답니다. 그러다 먹은 것을 다 토해 내기도 하지요.

　음식을 먹고 체하는 이유는 뭘까요? 음식을 너무 빨리 먹으면 갑자기 많은 음식물이 위에 쌓이게 되어 원활히 소화 운동을 하지 못하기 때문이에요. 스트레스를 받은 채로 음식을 먹어도 체하는 경우가 있지요.

　소화제를 먹지 않고도 체기를 가라앉힐 수 있는 방법을 옛 어른들에게서 배워 보아요.

　엄지손가락의 손톱 바로 밑을 바늘로 콕 따 주어요. 그러면 그 자리에서 시커먼 피가 나오고, 잠시 후 속이 편해지고 개운해져요.

손을 딸 때는 꼭 어른에게 부탁해야 해요.

또는 된장을 묽게 풀어 끓인 국을 한 사발 먹어도 좋아요. 된장은 소화 흡수가 잘 되거든요.

체했을 때 좋은 지압법도 있어요.

엄지와 검지 사이의 볼록한 부분을 반대쪽 엄지로 아플 정도로 꾹꾹 눌러 주어요. 또 손바닥 가운데 부분을 콕콕 눌러 주어도 좋아요.

심하게 체했을 경우에는 입 안에 손가락을 넣거나 더운 소금물을 마시고 토해 버리면 속이 시원해져요. 그런 후엔 한두 끼 정도 굶는 것도 좋아요. 하지만 무엇보다 체하지 않도록 음식을 한꺼번에 너무 많이 먹지 말고 천천히 꼭꼭 씹어 먹는 습관을 들이는 것이 좋아요.

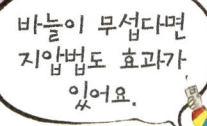

바늘이 무섭다면 지압법도 효과가 있어요.

동양 의학의 전통과 지혜
《동의보감》

하늘에 수많은 별들이 반짝였어요. 그런데 갑자기 하늘에서 한 줄기 별빛이 어느 양반집 지붕 위로 떨어졌어요. 그 순간 우렁찬 울음소리가 담장 너머로 울려 퍼졌어요.

"응애 응애 응애!"

별의 정기를 받고 태어난 아기는 훗날 《동의보감》이라는 훌륭한 의서를 쓴 허준이었어요.

1539년 허준은 첩의 자식이라는 슬픈 운명을 안고 태어났어요. 조선 시대 첩의 자식은 많은 차별 대우를 받았어요. 과거 시험을 보아도 높은 벼슬자리에 나가는 것이 어려웠답니다.

하지만 허준은 열심히 공부했어요. 허준에게는 훌륭한 의원이 되고자 하는 큰 꿈이 있었거든요.

허준은 낮에는 침 놓는 법, 뜸 뜨는 법, 약 만드는 법 같은 의술을 배웠어요. 그리고 밤에는 졸음을 쫓아가며 의서를 읽었어요. 10여 년간 열심히 의술을 공부한 허준은 점차 의원으로 이름을 알리기 시작했어요.

"허 의원이 어찌나 병자들을 정성껏 돌보는지, 지체 높은 양반에게든 가난한 백성에게든 늘 최선을 다한다니까."

"그러니까 허 의원이 누구보다도 병을 잘 고치는 게야."

허준은 뛰어난 무관 집안에서 태어났지만 의과에 급제하여 의관이 되었어요.

허준의 뛰어난 의술은 임금이 있는 궁궐까지 소문이 났어요.

궁궐에는 내의원이라는 왕실 의료 기관이 있었어요. 왕과 왕비를 비롯한 왕의 가족과 친척들의 병을 치료하는 곳이지요. 나라에서 최고의 의술을 가진 의원 대부분은 내의원에 모여 있었어요.

"내의원에 들어가면 좋은 의서도 많이 읽고 조선 최고의 의원들에게 배울 수도 있으니, 나라와 백성에게 도움이 되는 의술을 펼칠 수 있을 텐데……."

허준의 간절한 바람은 마침내 이루어졌어요. 내의원에 들어가게 된 거예요. 허준은 다른 의관들이 치료하는 모습을 지켜보며 새로운 의술을 배워 나갔어요. 그리고 내의원에 있는 의서도 열심히 읽고 공부했어요. 허준의 의술은 나날이 발전했어요. 그리고 드디어 실력을 인정받아 37세에 임금을 진찰하는 의원인 '시의'가 되었지요.

그로부터 15년이 지난 어느 추운 겨울날이었어요. 건강하던 왕자가 갑자기 큰 병이 나서 앓아누웠어요.

"전하, 왕자님의 병환은 두창이옵니다."

두창은 열이 펄펄 끓고 온몸에 종기가 생겨 고름이 흐르다 죽는 전염성이 강한 무서운 병이었어요. 왕자의 두창을 치료하기 위해 내의원의 여러 의원들이 나섰어요. 하지만 시간이 지날수록 왕자의 병은 점점 더 깊어만 갔어요. 임금은 그제야 허준에게 병을 치료하라는 명을 내렸어요. 허준은 밤낮으로 왕자를 정성껏 돌보았어요.

그러기를 여러 날, 왕자의 병이 차차 나아지기 시작했어요. 열도 내리고 온몸에 퍼져 있던 종기도 사라지기 시작했어요. 허준의 훌륭한 의술과 정성을 다한 치료로 왕자가 병을 물리친 것이었어요.

"전하, 기뻐하시옵소서. 왕자님의 병환이 완전히 나았습니다."

임금은 병을 고친 허준에게 당상관이라는 높은 벼슬을 내렸어요. 그 당시 첩의 자식은 당상관의 자리에 오를 수 없었어요. 하지만 허준은 쉬지 않고 노력하여 훌륭한 의원이 된 덕에 신분의 굴레에서 벗어날 수 있었던 거예요.

"전하, 큰일 났사옵니다. 왜적이 쳐들어와서 한양을 향해 올라오고 있다 하옵니다."

1592년 4월 임진왜란이 일어났어요. 임금은 서둘러 군대를 남쪽으로 내려보냈어요. 그런데 믿었던 군대마저 왜적에게 무참히 패하고 말았어요. 임금은 어쩔 도리 없이 피난길에 오르게 되었어요.

허준은 피난 중에 임금과 신하들의 건강을 돌보는 일을 맡게 되었어요.

"내 짐을 가져가지 못하더라도 될 수 있으면 약재를 많이 가져가야 해. 아무래도 피난길에는 병에 시달리는 사람들이 많을 테니."

허준의 예상대로 피난길에 병자들이 끊이지 않았어요. 허준은 내의원에서 준비해 간 약재로 병자들을 정성껏 돌보았어요. 덕분에 임금을 비롯하여 여러 신하들은 건강을 잃지 않고 피난 생활을 무사히 마칠 수 있었어요.

마침내 왜적과의 기나긴 전쟁이 끝났어요. 전쟁은 끝났지만 전쟁으로 인해 백성들은 굶주림과 전염병으로 고통을 받아야만 했지요.

그러던 어느 날, 선조 임금이 허준을 불렀어요.

"내가 오늘 그대를 부른 것은 의서를 만들도록 하기 위함이오."

"의서라 하오면……."

"왜란을 겪으면서 질병이 많이 생겨 백성이 고통스러워 하는데도 마땅히 치료할 방법이 없고, 중국의 의서는 도움이 되지 않소. 무엇보다 조선에서 나는 약재를 사용해야 할 것이며, 처방이 너무 많고 복잡해서도 아니 될 것이오. 또한 사람의 병은 몸을 잘 다스리지 못해 생기는 것이므로 약물 치료보다 다스림을 먼저 해야 할 것이오."

1596년 허준은 임금의 명에 따라 몇 명의 다른 의원들과 함께 의서 편찬 작업에 들어갔어요. 하지만 이듬해 왜적이 다시 쳐들어와 정유재란을 일으키자 작업은 중단되었고 의원들도 뿔뿔이 흩어지고 말았어요.

정유재란이 끝나자 임금은 허준 혼자서라도 의서를 완성하라고 명령했어요. 연구에 몰두하고 있던 허준에게 크나큰 시련이 닥쳤어요. 선조 임금이 의서의 완성을 보지 못한 채 세상을 뜨자 대신

들이 허준을 죄인으로 몰아세웠던 거예요.

"전하, 허준은 선왕을 돌아가시게 한 큰 죄인입니다. 허준에게 벌을 내리셔야 하옵니다."

결국 허준은 귀양을 가게 되었어요. 귀양을 가서도 허준은 의서 편찬에 매달렸어요. 드디어 16년 만에 《동의보감》을 완성했답니다.

"중국에는 북쪽의 기후와 풍토에 맞춰 의학을 정리한 북의와 남쪽의 남의가 있습니다. 이처럼 우리나라, 즉 동쪽의 기후와 풍토에

맞춘 의학의 보배라는 뜻에서 《동의보감》이라고 하였습니다."

《동의보감》은 조선에서 간행된 후 얼마 되지 않아 중국과 일본에도 전해져 여러 차례 간행될 정도로 그때의 의학 지식이 총망라된 우수한 의서예요.

《동의보감》에는 어떤 내용이 있을까요?

총 25권으로 된 《동의보감》은 '내경', '외형', '잡병', '탕액', '침구' 다섯 편으로 구성되어 있어요.

내경편은 몸의 내장 기관에 생기는 병과 치료법을 다루어요. 외형편에서는 머리와 얼굴, 이목구비, 팔다리, 피부, 머리카락 같은 몸의 외부 기관에 생기는 병과 치료법을 설명하고요. 잡병편에는 여러 가지 질병의 원인과 증상, 치료법에 관한 내용이 담겨 있고, 탕액편은 약과 약초에 대해 설명하고 있어요. 마지막으로 침구편은 침을 놓는 법과 뜸을 뜨는 법을 다루었어요.

이처럼 《동의보감》은 이전에 나온 수많은 의서의 내용을 종합하여 조선의 실정에 맞게 정리하였을 뿐 아니라, 한의학의 모든 분야를 체계적으로 설명하고 있어요. 《동의보감》이 오랜 세월 동안 널리 읽히고 오늘날에도 한의학을 공부하는 사람들이 반드시 익혀야 하는 필수 의학서가 된 이유를 알겠지요?

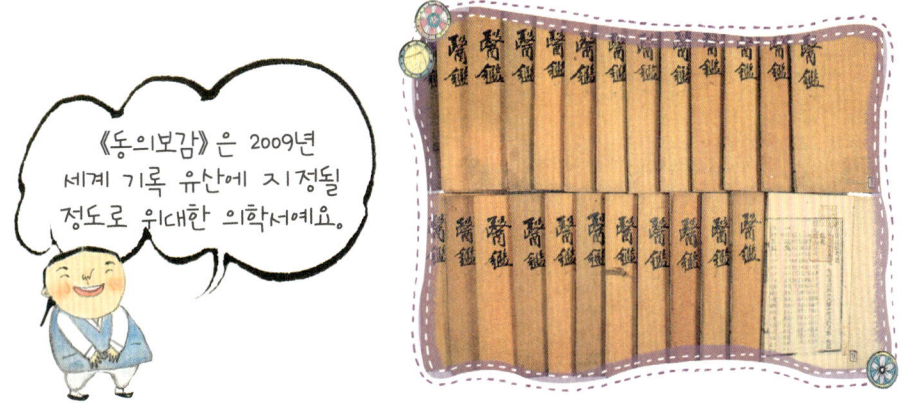

《동의보감》은 2009년 세계 기록 유산에 지정될 정도로 위대한 의학서예요.

　《동의보감》에는 힘없고 가난한 백성들이 병으로 고통 받는 아픔을 덜어 주고 싶었던 허준의 마음이 담겨 있어요. 그래서 누구나 알기 쉽게 풀어 쓰고 산과 들에서 흔히 구할 수 있는 약초로 약을 만들 수 있게 했지요. 또한 약의 가짓수를 줄여서 가난한 백성들이 비싼 약값 때문에 걱정하는 일이 생기지 않도록 세심한 배려를 했답니다.

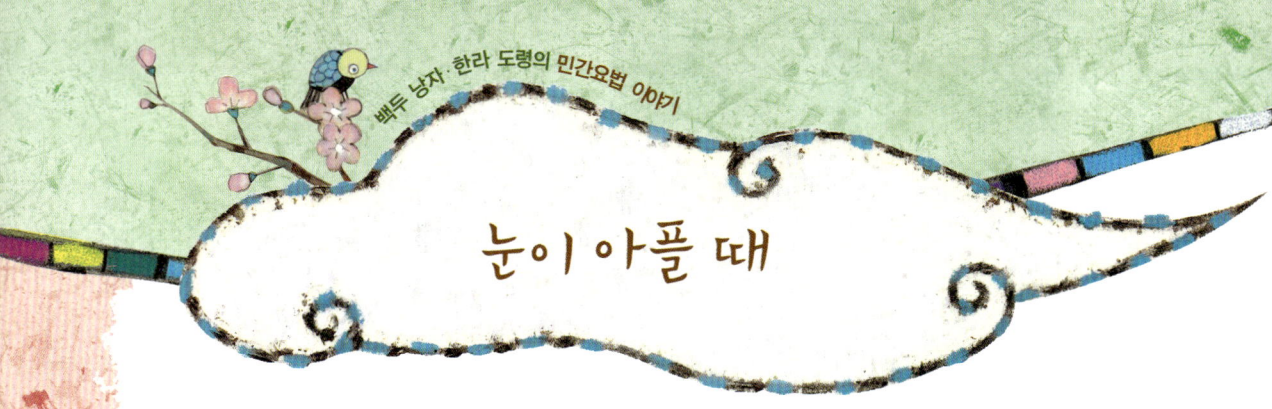

눈이 아플 때

옛날 사람들도 안경을 썼을까요? 우리나라 최초의 안경은 1580년 무렵 중국을 통해서 들어왔어요. 안경이 사람들에게 널리 퍼진 것은 영조 임금 무렵이었다고 해요.

영조의 뒤를 이은 정조는 눈병을 자주 앓은 데다가 어려서부터 책을 많이 읽어 눈이 나빠져 안경을 써야 했어요. 조선 시대 임금 중 최초로 안경을 낀 임금이 정조였거든요.

안경이 없던 시절에는 시력이 나빠지면 어떻게 했을까요?

구기자 잎이나 열매를 끓인 물을 마셨어요. 구기자는 눈을 맑게 하고 눈의 피로를 풀어 주거든요. 결명자도 충혈된 눈을 맑게 하고 눈이 밝아진다고 해요.

오미자와 결명자는 차로 만들어 수시로 먹으면 눈에 좋아요.

물푸레나무

균이나 오염 물질로 인해 눈에 염증이 생겼거나 다래끼가 났을 때는 물푸레나무가 좋아요. 우리 조상들은 물푸레나무의 줄기와 잎을 삶은 물로 눈을 씻어 가려움증과 염증이 가라앉혔어요.

눈은 약하고 예민한 기관이므로 조그마한 티끌만 들어가도 상처를 입기 쉬워요. 평소에 손을 깨끗이 하고 손으로 눈을 비비거나 만지지 않는 것이 좋아요.

컴퓨터를 많이 해서 눈이 피로할 때는 눈 체조를 해요.

눈을 꼭 감은 채로 셋까지 세요.

눈을 최대한 크게 뜨고 다섯까지 세어요.

당근에는 눈에 좋은 비타민 A가 들어 있으니 자주 먹으면 좋답니다.

시선을 오른쪽으로 고정시키고 셋까지 세요.

왼쪽도 같은 방법으로 반복해요.

시력은 한번 나빠지면 회복하기 어렵기 때문에 평상시에 관리하는 습관이 중요해요.

凡人一呼脈再動一吸脈亦再動

脈以應藏之至手之三陰
従藏走至手之三陽従手走
至頭足之三陽従頭走足
足之三陰従足走腹絡
傳注周流不息故經脈者
氣道次陽以榮於身莫貴於此始
従中焦注手太陰陽明陽明注
足陽明足太陰太陰注手少陰太
陽手太陽注足太陽少陰少陰注
手心主少陽少陽注足少陽厥
陰厥陰復注手太陰也
以平旦為紀
夜流行與天同度
一許昌 伯仁所著也
萬歷丁丑新安
鶴皋吳崑校正

凡人脈循十二經環入奇經絡
合長十六丈二尺人一呼脈
行三寸一吸脈行三寸呼吸定
息脈行六寸一日一夜凡一
萬三千五百息脈行陽二十五
度行陰二十五度行
合五十度每刻則周身一
度也

少澤 小腸終於睛明次
手少陽三焦始 絲竹起

체질별로 다른 치료
사상 의학

사상 의학이란 사람의 체질 특성에 따라 네 가지로 나누고 그에 맞춰 병을 치료하는 의술을 말해요. 사상 의학은 조선 시대 의학자 이제마가 완성했어요.

이제마가 젊은 시절 의학 공부를 하면서 떠돌이 생활을 하던 때였어요.

"으으으……."

웬 노인이 눈 쌓인 길 위에 쓰러져 있었지요. 이제마가 쓰러져 있는 노인에게 황급히 다가가 물었어요.

"어르신, 어디가 편찮으십니까?"

"아이고, 아이고."

신음 소리를 내던 노인은 갑자기 피를 토하기 시작했어요. 이제마는 노인을 업고 가까이 있는 집으로 급히 들어갔어요. 그러고는 사정을 얘기한 후 따뜻한 방 안에 노인을 눕혔어요.

이제마는 집주인에게 마늘을 얻어 찧은 뒤 노인의 발바닥에 붙이고 구운 마늘을 노인에게 먹였어요. 얼마 후 노인의 입에서 더는 피가 나오지 않았어요.

"젊은이 덕분에 살았구려. 이 은혜를 어찌 갚으리오."

기운을 되찾은 노인은 이제마를 집으로 데리고 가서 한 상 가득 푸짐하게 식사를 대접했어요.

식사를 마친 이제마가 떠날 채비를 하자 노인은 몹시 섭섭해 하며 넌지시 물었어요.

"보아 하니 여행 중인 것 같은데 괜찮다면 우리 집에서 겨울을 보내고 떠나면 어떻겠소?"

"폐가 되지 않는다면 겨울 동안 신세를 좀 지겠습니다."

떠돌이 생활에 지쳐 있던 이제마는 노인의 청을 받아들였어요.

노인에게는 어린 손자 둘이 있었어요. 한 살 위인 형은 양처럼 온순하고 얌전했으며, 동생은 명랑하고 장난을 좋아했어요.

"형은 여자 같아. 목소리도 여자처럼 작고 가늘잖아."

"너 자꾸 놀리면 할아버지한테 이를 거야."

"이를 테면 일러 봐. 할아버지도 형이 여자 같다고 하실걸."

동생의 놀림이 계속 되자 형은 훌쩍훌쩍 울기 시작했어요. 동생은 그제야 놀림을 멈추고 우는 형을 달래며 눈물을 닦아 주었어요. 이제마는 그런 형제의 모습을 바라보며 미소 짓곤 했지요.

찬바람이 문틈으로 스며드는 추운 날이었어요.

"콜록 콜록 콜록."

이른 아침부터 노인의 어

린 두 손자가 똑같이 기침을 심하게 하기 시작했어요.

"저러다가 나처럼 입에서 피를 토하면 어쩐다."

"어르신, 너무 걱정 마십시오. 제게 방법이 있습니다."

이제마는 도라지와 살구씨를 가마솥에 담아 물을 붓고 팔팔 끓였어요. 그런 다음 그 달인 물에 꿀을 타서 하루에 세 차례씩 형제에게 똑같이 먹였어요.

며칠 후, 형은 병이 나았어요. 그런데 동생은 여전히 기침이 멈

추지 않는 것이었어요.

'거참, 이상하군. 똑같은 약을 주었는데 형은 낫고 동생은 낫지 않다니 왜 그럴까?'

이제마는 곰곰이 생각에 잠겼어요. 그러다 문득 떠오른 생각에 무릎을 탁 쳤어요.

"그래 그거야. 형제가 체질이 다르니까 같은 약을 먹어도 효과가 다르게 나타난 거라고."

"음, 이제까지는 똑같은 병을 앓는 사람들에게 같은 약을 써 왔지. 하지만 사람마다 체질이 다르니 체질에 따라 치료법도 달라야 해."

체질이란 '몸의 본바탕'이란 뜻이에요. 이제마는 사람의 체질을 태양인, 소음인, 소양인, 태음인의 네 가지로 나누었어요. 네 가지 체질에 따르면 형은 소음인이고 동생은 소양인이었지요.

"소음인에게는 소음인에게 맞는 약이 있고 소양인에게는 소양인에게 맞는 약이 있는 법. 아무리 좋은 약이라 해도 체질에 맞지 않으면 독이 될 수도 있다."

이제마는 그 일 이후로 떠돌이 생활을 접고 고향으로 돌아가 사상 의학에 대한 생각을 정리하는 데 집중했어요. 그리고 드디어

1894년 《동의수세보원》이라는 책을 써서 사상 의학을 세상에 알렸어요. 사람들은 이제마의 독창적인 사상 의학에 놀라움을 금치 못했어요.

　그럼 사상 의학에서 분류하는 네 가지 체질의 기본적인 특성을 살펴보기로 해요. 다만 이것은 각 체질마다 두드러진 특징을 나타낸 것일 뿐, 분류가 같아도 사람마다 조금씩 차이가 난다는 사실을 기억해야 해요. 이제마가 체질과 기질을 네 가지로 분류한 것은 의원의 도움이 없어도 백성들이 진단과 치료법을 익히기를 바라는 마음 때문이었지요.

먼저 태양인은 선천적으로 폐가 튼튼하고 간이 약한 편이에요. 그래서 폐가 있는 가슴 부분이 발달하여 상체가 다부져요.

이제마는 자신을 사상 체질 중 '태양인'으로 분류했어요.

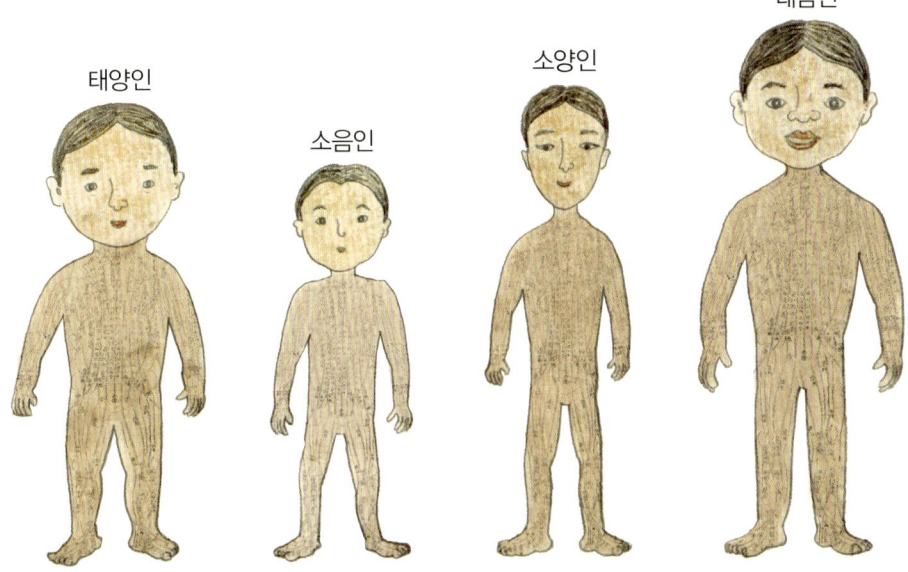

머리는 크고 둥글며, 눈이 작지만 이목구비가 뚜렷한 편이에요. 오래 앉아 있거나 오래 걷지 못하지요. 생각하는 것보다는 행동하기를 좋아하고 사람을 잘 사귀지만 남을 잘 배려하지는 않아요.

소음인은 선천적으로 비장과 위장이 약하고 신장과 방광이 튼튼한 편이에요. 키와 몸집이 대체로 작고 마른 편이며, 이목구비가 자그마하고 다소곳한 인상을 주어요. 재주가 많고 예의 바르다는 이야기를 많이 듣지만, 질투심이 많고 예민한 성격이기도 해요. 건강이 나빠지면 가장 먼저 소화 기능이 떨어질 수 있어요.

소양인은 선천적으로 비장과 위장이 튼튼하고 신장이 약한 편이에요. 몸집이 작은 편이어서 소음인과 비슷해 보이지만, 기질에서 확실히 차이가 나요. 소음인은 소극적이고 내성적인데 반해 소양인은 밝고 민첩하고 활달한 편이지요.

태음인은 선천적으로 간이 튼튼하고 폐와 심장이 약한 편이에요. 그래서 체형을 보면 가슴보다 배 부분이 발달했으며, 키가 크고 몸집이 큰 사람이 많아요. 대체로 눈, 코, 입, 귀가 크고 입술이 두툼해요. 꾸준히 노력하고 인내심도 강하지만 겁이 많고 욕심이 많기도 해요.

이제마는 《동의수세보원》의 마지막 부분에서 다음과 같이 말했어요.

"만 가구가 사는 마을에 그릇을 만드는 사람이 한 사람뿐이라면 그릇이 부족할 것이다. 백 가구가 사는 동네에 의사가 한 사람뿐이라면 사람을 살리는 데 부족할

《동의수세보원》은 허준의 《동의보감》이 간행된 지 281년 만에 나온 우리 의학의 또 다른 성과랍니다.

것이오. 그러니 집집마다 모두 의술을 알고 사람마다 병을 다스리면 세상 사람들이 모두 오래 살 것이오."

이제마의 책은 백성들이 스스로 병을 다스리는 데 목적이 있을 뿐 아니라 병이 나기 전에 병을 예방하기 바란다는 깊은 뜻을 담고 있어요.

"사상 의학은 내가 죽은 뒤 100년이 지나야 꽃을 피울 것이다."

이제마의 유언대로 100년이 지나자 많은 의원들이 사람을 네 가지 체질로 나누어 환자들을 돌보기 시작했어요. 실제로 실험을 통해 과학적으로도 증명이 된 사상 의학은 오늘날에도 환자를 치료하는 데 널리 쓰이고 있답니다.

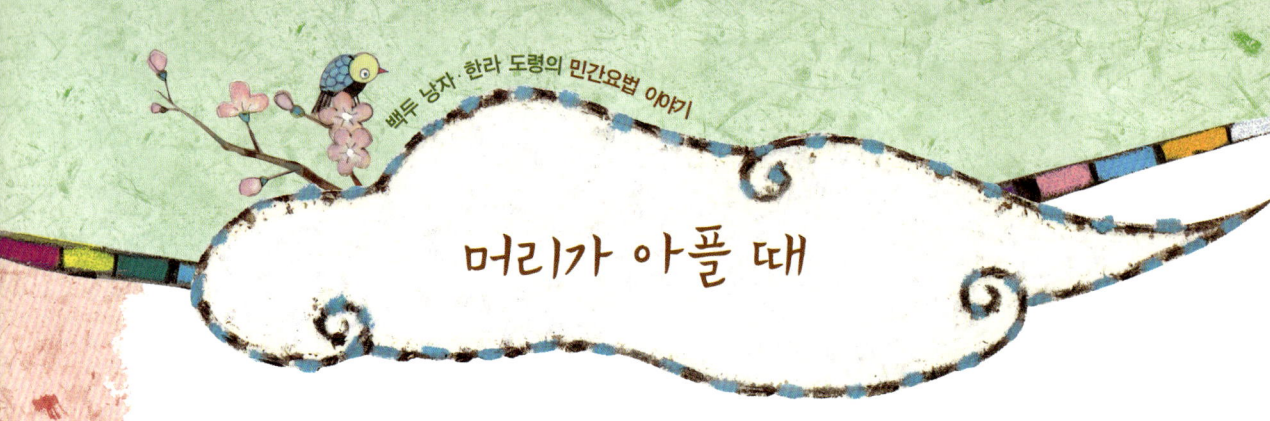

머리가 아플 때

　머리가 아픈 증세를 두통이라고 하는데 두통이 생기는 원인은 헤아릴 수 없을 만큼 다양해요. '띵하다', '지끈지끈하다', '빠개질 듯이 아프다'처럼 두통의 증세를 표현하는 말도 다양하지요. 두통은 주로 스트레스나 피로, 걱정이나 근심 때문에 생긴다고 해요.

　요즘에는 집집마다 두통약이 있어서 머리가 아프면 바로 약을 먹을 수 있어요. 하지만 두통약을 자주 먹는 것은 좋지 않아요.

　약에 의지하지 않고 두통을 가라앉히는 방법을 알아볼까요?

　뜨거운 물에 고추를 채우고 발을 담그면 머리에서 피가 내려오는 느낌이 들면서 두통이 사라진답니다.

　띠로 머리를 동여매고 무를 강판에 갈아 그 냄새를 맡거나 무즙을 1~2방울 콧구멍에 떨어뜨려도 좋아요. 또는 꿀을 한 숟가락 먹는 것도

옛 어른들이 두통을 다스린 방법은 경험을 통해서 알아낸 것이 많아.

좋은 방법이에요. 꿀을 먹은 뒤 3분쯤 지나면 두통이 사라지거든요.

한쪽 머리가 아픈 편두통에는 말린 쑥을 달여 마시거나 파의 흰 부분과 생강을 넣고 끓인 물을 마시면 좋아요.

가장 좋은 두통 치료법은 편안하게 쉬는 거예요. 잠이 부족해도 두통이 생길 수 있으므로 푹 자는 것이 좋아요. 그렇다고 너무 많이 자면 오히려 머리가 아플 수 있어요.

그리고 운동을 규칙적으로 하고, 같은 자세로 너무 오래 앉아 있지 않는 것이 좋아요. 또 코코아, 초콜릿, 크림처럼 두통을 일으키는 음식은 멀리 하고, 두통에 좋은 계피, 은행, 칡, 팥 등을 먹으면 좋아요.

조선 시대 여자 의사
의녀

옛날에도 여자 의사가 있었을까요? 그 해답을 찾기 위해 조선 시대로 거슬러 올라가 볼까요?

"아아, 아아……."

어느 양반집 별당에서 여인의 신음 소리가 며칠째 계속 새어 나왔어요. 방 안에는 갓 시집온 젊은 새댁이 누워 있었고 그 곁에 시어머니가 근심 어린 얼굴로 앉아 있었어요.

"얘야, 그만 고집부리고 어서 의원을 부르자꾸나."

"아닙니다, 어머니. 그럴 수 없어요."

"이러다가 큰일이라도 나면 어쩌누? 에휴."

시어머니는 방바닥이 꺼져라 한숨을 내쉬었어요. 며느리는 고집을 꺾지 않고 병은 점점 깊어만 갔어요.

"애야, 치료를 받아야 병이 낫지 않겠느냐?"

"어떻게 아녀자가 남자 의원에게 몸을 보여 준단 말입니까? 그러느니 차라리 죽음을 택하겠어요."

이처럼 양반집 아녀자들은 병이 나도 남자 의원에게 진료 받는 것을 거부하고 시름시름 앓았어요. 심지어 목숨을 잃는 경우도 있었지요. 당시에는 '남녀칠세부동석'이라 하여 일곱 살만 되어도 남녀가 한 자리에 앉지 않는다는 유교의 도리를 철저하게 따랐거든요.

그리하여 '제생원'이라는 곳에서 여자 의원을 길러 내기 시작했어요. 제생원은 조선 시대 의료 기관으로 일반 백성의 치료를 담당하고 가난한 사람들을 돕는 일을 하던 곳이에요.

제생원에서는 수십 명의 여자를 뽑아서 맥을 보는 법, 침을 놓는 법, 뜸을 뜨는 법을 가르쳤어요. 이렇게 의술을 배운 여자 의원을 '의녀'라고 불렀어요. 의녀들은 한문으로 된 의서를 읽어야 하므로 조선 시대 초급 교과서라고 할 수 있는 《천자문》, 《효경》 같은 책을 배워야 했어요.

의녀 제도는 세종, 세조, 성종의 3대 임금에 걸쳐서 발달했어요. 세종 임금 때는 나이가 어리고 실력이 뛰어난 의녀들을 뽑아 특별 교육을 시켰어요. 이들 중에 성적이 우수한 의녀는 의녀 교육을 담당하는 일을 했어요. 모든 의녀에게는 일 년에 두 번씩 쌀을 주었어요. 세조 임금은 달마다 시험을 치르게 하고 성적이 좋은 의녀에게 쌀, 보리, 콩, 명주, 베 같은 상품이나 상금을 내리기도 했어요.

제생원에서 길러 낸 의녀들이 활약을 시작하자 그동안 남자 의원에게 진찰받기를 꺼리던 양반집 아녀자들이 너도나도 앞다퉈 오는 바람에 의녀들은 눈코 뜰 새 없이 바빴어요.

의녀는 의학 공부를 했더라도 주로 남자 의원의 보조 역할밖에 할 수 없었어요. 의녀가 여자 환자를 진료할 때는 방 밖에 남자 의원이 대기하고 있다가 의녀가 말하는 환자의 증세를 듣고 치료 방법을 처방해 주었어요. 의녀가 스스로 처방을 내려 치료할 수는 없었지요.

하지만 약으로만 치료가 어렵거나 종기, 부스럼, 치통처럼 몸에 직접 손을 대야 하거나, 맥을 짚고 침 놓는 일은 의녀가 도맡아 했어요. 또한 아기 낳는 것을 도와주는 산파 역할도 했고요.

이러한 일들을 하게 되면서 남자 의원의 실력을 뛰어넘는 의녀들이 생겨났어요. 세종 임금 때의 소비, 세조 임금 때 접상, 성종 임금 때의 장덕이라는 의녀가 의술이 뛰어나기로 유명했어요. 특히 제주도 의녀 장덕은 충치와 부스럼 치료에 남다른 재주가 있었어요.

"아이고, 가려워라. 부스럼을 긁느라 통 잠을 잘 수가 없어요."

"아아, 이가 너무 아파요. 이가 썩어서 아무것도 먹을 수가 없다니까요."

매일같이 의녀 장덕을 찾는 병자들이 줄을 길게 섰어요. 장덕의 뛰어난 의술은 제주도뿐 아니라 멀리 임금이 있는 한양까지 소문이 퍼졌지요. 장덕은 치아를 치료할 때 은비녀를 사용하는 것으로 유명했어요. 은은 독이 있는지 없는지 가리고 세균을 없애는 데 탁월한 효과가 있었거든요.

세월이 흐를수록 의녀의 수가 점차 늘어났어요. 의녀는 내의원에서 일하는 내의녀와 백성들을 무료로 치료해 주는 혜민서에서 일하는 의녀로 크게 나뉘었어요.

내의원 의녀는 12명으로 왕비나 대비, 공주 같은 왕실 여성의 질병 치료를 담당했고, 혜민서 의녀는 70명으로 양반가나 일반 여성을 치료하였지요.

조선 시대 최고의 의녀는 누구일까요? 조선 시대 최초이자 유일하게 임금님의 병을 맡아 치료한 의녀가 있었으니, 그 이름은 바로 '장금'이에요.

중종 임금이 있는 대전에서 급히 어의를 찾는다는 소식이 전해졌어요. 어의란 임금님의 병을 치료하는 의원을 말해요. 그런데 마침 어의가 자리를 비운 상태였지요. 중종은 피부에 생긴 욕창 때문에 눕지도 못하고 기대지도 못한 채 앉아 있었어요. 시간이 흐를수록 고통은 점점 심해졌지요.

중종은 어의 대신 내의녀 장금을 대전으로 불렀어요. 긴장된 얼굴로 장금이 임금 앞에 모습을 드러냈어요.

"가까이 오라."

고통을 애써 참으며 중종이 말했어요.

"마마, 진료를 시작해도 되겠사옵니까?"

중종은 신음 소리를 내며 고개를 끄덕였어요. 중종의 욕창은 오래도록 낫지 않은 탓에 피부가 썩어 들어가 피고름까지 생겨, 그 아픔은 이루 말할 수 없이 심했지요.

"오늘은 머리와 다리까지 바늘로 찌르는 것같이 쑤시는구나."

아무래도 욕창으로 인해 다른 병이 생긴 듯했어요.

'빨리 손을 쓰지 않으면 안 되겠구나.'

장금은 더럭 겁이 났지만, 이내 정신을 가다듬었어요. 우선 병이 난 자리를 깨끗이 소독한 다음, 피고름을 짜내야 했어요. 하지만 독이 오를까 두려워 손으로 짜낼 수는 없었지요.

장금은 조금도 망설이지 않고 욕창 자리에 입술을 갖다 댔어요. 그러고는 입으로 피고름을 빨아 내기 시작했어요.

"무얼 하는 게냐?"

놀란 신하들이 소리쳤어요.

"지금 이것 외에는 다른 방법이 없사옵니다."

잠시 후, 장금이 빨아서 뱉어 낸 피고름이 사발을 한가득 채웠어요. 장금은 침을 놓기 시작했어요. 열두 번의 침을 놓은 후에 다섯 번의 뜸을 떴지요.

"마마, 치료가 끝났사오니 저는 그만 물러나겠사옵니다."

자신의 방으로 돌아온 장금은 기진맥진하여 힘없이 쓰러졌어요.

중종의 상태는 나날이 좋아졌어요. 그날 이후로 중종은 어의를 부르지 않고 내의녀 장금이만 찾았어요.

장금이 가져온 약을 단숨에 마신 중종이 미소를 지으며 말했어요.

"네가 지어 주는 약은 쓰지 않고 달구나."

"약을 달이는 물을 달리 써서 그러하옵니다."

"물을 달리 쓴다고?"

"상감마마께 올릴 약의 물은 반드시 정화수만 쓰고 있사옵니다.

정화수는 이른 새벽 처음으로 길어 온 물을 말해요. 정화수로 약을 달이면 약의 효과가 더욱 좋아지옵니다."

장금의 말에 중종은 기분이 좋아 껄껄 웃었어요.

이렇듯 임금을 정성껏 돌본 내의녀 장금은 수많은 남자 의원들을 제치고 조선 시대 최초이자 유일하게 임금의 병을 맡아 치료하는 의원이 되었어요. 그리고 훗날 뛰어난 의술과 높은 학식을 갖춘 내의녀 장금은 '대장금'이라는 명예로운 칭호까지 받았답니다.

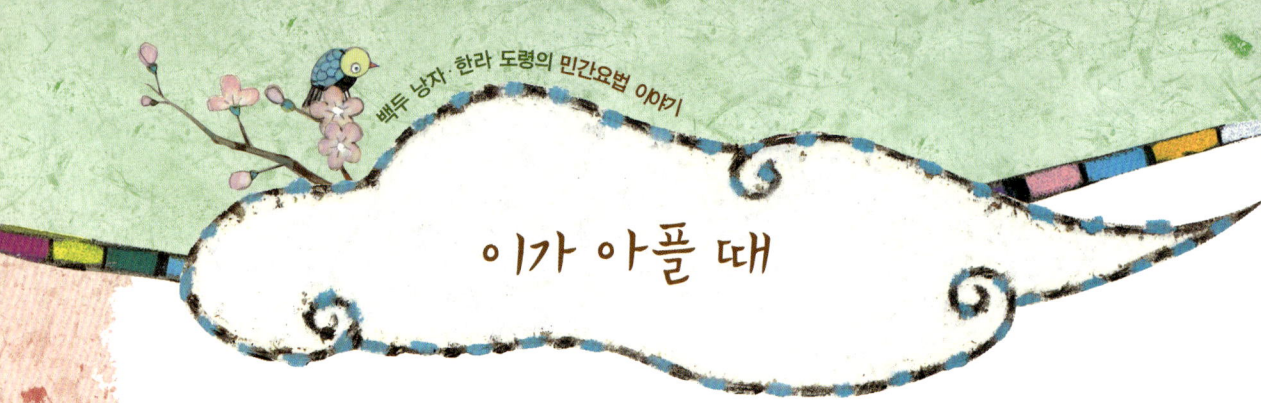

이가 아플 때

옛날에는 충치 때문에 고생하는 일이 드물었어요. 이를 썩게 만드는 설탕이 조선 시대 말에 들어왔기 때문이에요. 우리 조상들은 이가 아프면 계속 참다가 결국엔 뽑았다고 해요. 마땅한 치과 치료가 없었던 거예요. 그래서 우리 조상들은 이가 아프기 전에 미리 예방했어요.

옛날에는 치약 대신 소금으로 이를 닦았어요. 소금으로 이를 닦으면 충치가 안 생기고 잇몸이 튼튼해지거든요. 이가 아픈 치통이 오면 소금, 파, 무, 검은콩 등을 먹었어요. 아픈 이에 소금을 물고 있거나 파의 흰 뿌리를 물고 있으면 통증이 가라앉지요. 무를 갈아서 잇몸과 볼 사이에 물고 있거나 검은콩 삶은 물을 머금고 있으면 치통을 없애는 데 효과가 있어요.

튼튼한 이를 갖는 방법은 생각보다 간단해요.

첫째, 식사를 한 후에 물 한 컵을 머금었다가 삼키거나 뱉어요. 그리고 식사 후와 잠자기 전에는 반드시 이를 닦아요.

죽염은 잇몸 염증과 입 냄새 제거에 좋아요.

둘째, 칫솔질은 하루에 3번, 밥 먹고 3분 안에 3분동안 닦아요.

셋째, 단 음식을 적게 먹고 야채나 과일을 많이 먹어요.

넷째, 무김치, 오이김치, 깍두기, 볶은 콩 등 딱딱한 것을 씹어 먹어요. 그러면 잇몸과 잇몸 뼈가 튼튼해지지요.

다섯째, 이 운동을 해요. 입 근처의 턱과 볼을 가볍게 두드려 주거나 입을 크게 벌리는 운동이 좋아요.

마지막으로 정기적으로 치과에 가서 치아 건강 상태를 검사해요.

보건소나 병원에서 하는 구강 교육에 참석하는 것도 이를 위한 좋은 습관이에요.

자연의 신비로운 힘
자연치료

삼국 시대 때의 이야기예요.

늦은 가을날, 뒹구는 낙엽들 사이로 한 스님이 신라의 어느 마을에 나타났어요. 스님은 다 떨어진 누더기를 걸치고 있었어요. 하지만 온몸에서 번쩍번쩍 광채를 내뿜는 모습이 예사롭지 않았지요.

"이 마을에서 가장 부잣집이 어디입니까?"

스님의 물음에 마을 사람들은 호기심 어린 눈빛으로 고래등 같은 기와집을 가리켰어요. 스님은 기와집 대문 앞에 서서 목탁을 똑똑똑 두드렸어요.

"주인마님, 대문 앞에 누가 찾아왔는뎁쇼?"

"우리 집을 찾아온 손님이니 방으로 모시거라."

하인은 주인이 기다리고 있는 방으로 스님을 안내했어요. 주인은 누더기를 걸쳤지만 범상치 않게 생긴 낯선 손님에게 점잖게 물었어요.

"무슨 일로 제 집에 오셨는지요?"

"나는 묵호자라 하는 고구려 승려입니다. 얼마 동안 이 집에 머물 수 있도록 해 주십시오."

스님의 신비스러운 모습에 홀린 듯 주인은 자기도 모르게 선뜻 청을 들어주었어요. 그리하여 고구려 스님인 묵호자는 신라에서 지내게 되었어요.

한편, 신라의 궁궐에서는 중국 사신이 가져온 선물의 이름과 쓰는 방법을 몰라 쩔쩔매고 있었어요.

"이것이 무엇에 쓰는 것인지 알아보아라."

눌지왕이 신하들에게 명령했어요. 신하들은 나라 안을 두루 돌아다니며 알아보았어요. 하지만 그 물건에 대해 아는 사람을 만날 수가 없었지요.

이 소문은 묵호자에게까지 전해졌어요. 스님은 신하들을 일부러 찾아가 중국에서 보낸 선물의 이름과 쓰는 법을 일러 주었어요.

"이것은 향이라는 것인데 태우면 그윽한 향기가 나지요. 이 향을 태우면서 정성껏 빌면 무슨 소원이든지 이루어집니다."

그 일이 있고 얼마 후, 궁궐에서 한 신하가 급히 스님을 찾아왔어요.

"공주마마의 목숨이 위태롭습니다. 온갖 약을 다 써 보고 용하다는 의원을 모두 불러 치료를 해 보았으나 아무 소용이 없습니다. 그래서 이렇게 모시러 왔으니 어서 궁궐로 함께 가 주십시오."

스님이 궁에 도착해 보니 공주는 정신을 잃은 채 방 안에 누워 있었어요. 공주의 방으로 들어간 스님은 사람들을 모두 내보냈어요.

그러고는 향을 피운 다음 누워 있는 공주 곁에 앉아 목탁을 두드리기 시작했어요.

"나무아미타불 나무아미타불……."

스님이 목탁을 두드리며 염불을 외우는 동안 차츰 은은한 향내가 퍼졌지요. 마침내 스님의 염불이 끝나자 놀라운 일이 벌어졌어요. 정신을 잃고 누워 있던 공주가 감았던 눈을 스르르 뜨는 거예요.

"전하, 기뻐하시옵소서. 공주마마가 깨어났사옵니다."

신하에게 소식을 전해 듣자마자 왕은 황급히 공주의 방으로 갔어요. 공주는 언제 아팠냐는 듯이 일어나 앉아 방긋이 웃고 있었어요. 왕은 스님의 두 손을 덥석 잡고 떨리는 목소리로 말했어요.

"정말 신기한 일이로다. 의술로도 고치지 못한 공주의 병을 어찌 고쳤는가?"

"마음이 간절하면 소원이 이루어지는 법이지요."

스님은 겸손히 머리를 조아렸어요. 왕은 공주의 병을 낫게 한 보답으로 묵호자에게 절을 지어 주고 신라에서 불교를 전할 수 있게 해 주었답니다.

이렇듯 묵호자처럼 신기하게 병을 치료한 사람에 관한 또 다른 이야기가 있어요.

나무꾼이 나무를 하고 있는데 새끼 여우 한 마리가 나타나 나무꾼 앞에서 어슬렁거렸어요.

새끼 여우는 저만치 가더니 뒤돌아 나무꾼을 쳐다보았어요. 마치 나무꾼에게 따라오라는 것 같았지요. 나무꾼은 자기도 모르게 새끼 여우를 뒤따라갔어요.

새끼 여우는 작은 동굴 앞에 멈춰 서더니 나무꾼을 한 번 돌아보고는 굴속으로 들어갔어요. 잠시 망설이던 나무꾼도 조심스럽게 따라 들어갔어요. 새끼 여우 곁에는 어미로 보이는 여우가 누워 있었어요.

자세히 보니 어미는 다리에서 피를 흘리고 있었어요. 새끼 여우는 어미의 상처를 혀로 핥아 주고 있었지요.

"쯧쯧, 가엾기도 해라. 새끼 여우가 어미를 구해 달라고 나를 여기까지 데려온 모양이구나."

하지만 나무꾼도 어미 여우를 살릴 수는 없었어요. 이미 피를 많이 흘린 어미 여우는 이내 숨을 거두었어요.

그리고 몇 년이 흘렀어요. 나무꾼은 원인 모를 병에 걸려 자리에 눕고 말았어요. 형편이 어려워 약도 제대로 써 보지 못한 나무꾼의 병세는 나날이 나빠졌지요.

그러던 어느 날, 마을을 지나던 한 나그네가 나무꾼의 집 앞에서 갑자기 걸음을 멈추었어요. 그러더니 나무꾼이 누워 있는 방 안을 향해 큰소리로 외쳤어요.

"여우 요 녀석, 썩 물러가지 못할까?"

깜짝 놀란 나무꾼이 방문을 열고 비틀거리며 나오자 나그네가 대뜸 나무꾼을 향해 지팡이를 던지는 것이었어요.

그런데 이게 웬일이에요? 나그네가 던진 지팡이를 맞고 마당에 고꾸라진 것은 나무꾼이 아니라 웬 여우였어요. 마당 한가운데에 쓰러져 있던 여우는 벌떡 일어나 울타리를 넘어 쏜살같이 달아나 버렸어요.

"그동안 여우가 당신을 괴롭혀서 아팠던 거요. 혹시 여우에게 원한을 살 만한 일이라도 있었소?"

나그네의 말에 나무꾼은 문득 몇 년 전에 나무를 하다가 만난 새끼 여우를 떠올렸어요. 나그네 덕분에 병이 나은 나무꾼은 나그네의 이름이라도 알고 싶었어요. 하지만 나그네는 이미 온데간데없이 사라졌어요.

두 이야기에서처럼 신기한 방법으로 병을 치료하는 것을 자연치료라고 해요. 옛날에는 귀신이 사람의 몸 안에 들어와 병이 생긴다고 생각하는 사람들이 많았어요. 그래서 햇빛, 공기, 물, 바람 등의 여러 자연적인 것이나 신비한 힘을 이용해 병을 고치거나 예방했어요.

우리 조상들은 병에 걸리면 무당을 통해 병을 고치려고 했어요. 무당은 귀신과 통하는 사람인데 병든 사람의 몸 안에 있는 귀신을 불러내 쫓을 수 있는 신비한 힘이 있다고 여겼거든요. 이렇게 무당이 굿을 해서 귀신을 몰아내면 병을 고칠 수 있다고 믿었지요.

굿과 더불어 우리 조상들이 사용한 것은 부적이에요. 부적은 붉은색으로 글씨를 쓰거나 그림, 기호 따위를 그린 종이예요. 이러한 부적을 병든 사람의 배나 등에 붙여 못된 귀신을 물리치고 병을 낫게 하는 데 사용했어요.

우리 조상들은 액운을 없애기 위해 굿이나 고사를 지내곤 했어요.

조선 시대에는 《옥추경》이라는 책으로 귀신을 쫓으려 했는데요. 아픈 사람의 가족 중 한 명이 《옥추경》에 적혀 있는 귀신을 내쫓는 주문을 소리 내어 읽으면 병자도 주문을 따라 외운다고 해요. 그렇게 쉬지 않고 며칠 동안 주문을 외우는 것이지요. 그러면 병자의 몸 안에 있던 귀신이 떠나고 신기하게도 병이 낫는다고 해요.

주문이 무서워서 귀신이 아픈 사람의 몸을 떠나는 것이 아니에요. 아픈 사람이 주문을 외우는 동안 그 사람의 정신력이 강해져서 병을 이겨 낼 수 있는 것이에요.

자연치료는 병을 낫게 하는 치료의 목적보다는 병든 사

부적은 함부로 만들어도 안 되고 부정한 일에 쓰여서도 안 된다고 해요.

람을 위로하고 마음을 편안하게 만드는 데 의미가 있어요.

　굿이나 부적으로 병을 낫게 하는 경우는 매우 드물었거든요. 그럼에도 우리 조상들이 자연치료에 의존한 것은 무슨 까닭일까요? 자신의 가족이 죽음의 문턱을 넘나드는데도 병을 낫게 할 수 없을 때, 믿기 어려운 힘에 간절하게 소원을 빌어 환자가 병석을 훌훌 털고 일어나길 바랬던 마음이 아닐까요?

백두 낭자 - 한라 도령의 민간요법 이야기

피부병에 걸렸을 때

　우리 조상들은 백옥같이 흰 피부를 가져야 미인이라고 생각했어요. 손꼽히는 미인으로 알려진 중국의 양귀비나 조선 시대 황진이도 모두 하얀 피부를 지녔다고 해요.

　지금과 달리 옛날에는 부스럼이나 종기 같은 피부병에 걸리는 사람들이 많았어요. 기록에 의하면 조선의 세조 임금도 피부병을 고치기 위해 온천욕을 즐겼다고 해요. 또 정월 대보름 아침에 오곡밥, 귀밝이술과 함께 먹는 부럼은 한 해 내내 종기나 부스럼이 나지 않기를 바라며 먹던 음식이에요.

　부스럼은 살이 부어오르고 곪아 진물이 나는 증상이에요. 《동의보감》에

쑥잎

후추

보면 부스럼에 좋은 약재로 쑥잎, 후춧가루, 소금, 연잎을 소개하고 있어요.

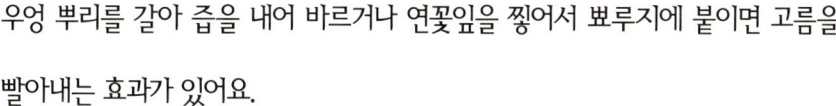
연잎

이것들을 태워 재를 만들어 뿌린 후 천으로 감싸면 부스럼이 가라앉아요.

뾰루지에는 우엉 뿌리, 연꽃잎, 인동 등이 좋아요. 우엉 뿌리를 갈아 즙을 내어 바르거나 연꽃잎을 찧어서 뾰루지에 붙이면 고름을 빨아내는 효과가 있어요.

여드름이 나면 주변에서 쉽게 구할 수 있는 녹두, 무, 시금치를 이용해 보아요. 녹두 가루를 얼굴에 바르거나 무즙으로 얼굴을 마사지하면 여드름이 가라앉아요. 이 모든 방법은 꾸준히 해야 효과가 있답니다.

녹두 삶은 물로 세수를 해도 피부에 좋이요.

병을 예방하는 비법
밥이 보약

"다그닥 다그닥 다그닥!"

전투를 끝낸 김유신 장군이 집에 거의 도착했을 때 뒤에서 다급하게 병사가 달려왔어요.

"장군님, 여왕님께서 전쟁에 다시 나가서 적군을 막으라고 하셨습니다."

집 앞까지 왔던 김유신은 명령에 따라 전쟁터로 다시 돌아가야만 했어요.

김유신은 가족들이 보고 싶었지만 집에 들어가지 않고 앞에 있는 우물 앞에 멈춰 섰어요. 그러고는 우물물을 길어 올려 벌컥벌

컥 마셨어요.

"물맛이 변하지 않은 것을 보니 집에 아무 일이 없나 보구나."

그제야 김유신은 안심하고 전쟁터로 돌아갈 수 있었어요. 옛날에는 물맛과 장맛이 좋으면 집안이 편안하다고 믿었거든요.

김유신 집에 있는 우물의 이름은 '장수'예요. 장수란 '장을 조금 탄 물'이란 뜻이지요. 장은 우리의 전통 발효 식품이니까 장수는 발효 음료였던 셈이지요.

발효 음식을 꾸준히 먹으면 면역력이 높아져 병에 잘 걸리지 않는다고 해요. 우리나라의 전통 발효 식품은 된장, 청국장, 고추장, 김치, 젓갈 등이에요.

콩으로 만든 된장은 영양분이 골고루 들어 있는 몸에 좋은 음식이지요. 된장은 부여와 고구려, 신라에서 일찍부터 만들어 먹었어요. 신라의 신문왕이 결혼할 때 왕비가 결혼 선물로 된장을 가져왔다고 하니 된장이 얼마나 귀한 음식이었는지 알겠지요?

옛날에는 벌에 쏘인 상처에 된장을 바르기도 했어요. 오늘날에는 무서운 병인 암을 예방하는 성분이 된장에 들어 있다는 연구 결과가 발표되어, 서양에서도 우리나라 발효 음식을 즐겨 먹는다고 해요.

우리나라의 발효 식품은 세계적으로 인정받고 있어요.

가장 대표적인 발효 식품인 김치는 건강을 지켜 주는 영양 덩어리라고 할 수 있어요. 옛날에는 겨울에 채소를 먹을 수 없어서 소금에 절인 김치를 겨우내 먹었던 거예요. 김치는 벼, 보리, 조, 수수 등 곡물을 주로 먹던 우리 조상들에게 겨울 동안 부족하기 쉬운 영양소를 채워 주었지요.

발효 식품 외에 우리 조상들의 건강을 지켜 주던 음식에는 무엇이 있을까요?

우리는 오랜 옛날부터 밥을 먹었어요. 고조선 시대에는 조, 기장, 수수 등이 섞인 잡곡밥을 먹었어요. 쌀을 생산하는 벼농사는 고조선을 세운 지 1,000년 정도 지난 후에 본격적으로 시작되었어요. 그러니까 지금으로부터 3,000년 전부터 쌀밥을 먹었던 거예요.

지금은 흰쌀밥을 흔히 먹을 수 있지만 옛날에는 쌀 생산량이 적었기 때문에 주로 잡곡밥을 먹었어요. 벼농사 기술은 통일 신라 시대에 더욱 발달했어요. 이때부터 쌀로만 밥을 지은 흰쌀밥을 먹기 시작했어요.

우리의 주식이 밥이어서 그런지 예나 지금이나 우리 민족은 밥에 대한 사랑이 특별하지요.

이에 얽힌 재미있는 이야기가 있어요.

조선 시대에 글을 잘 짓기로 유명한 이정구가 중국에 사신으로 갔을 때의 일이에요.

하루는 중국의 유명한 문필가인 왕세정의 집에 아침 일찍 찾아갔어요. 왕세정은 대궐로 가기 위해 집을 나서는 참이었어요.

"대궐에 다녀올 테니 아침을 드시고 편히 쉬고 계십시오."

왕세정이 나가자 하인들이 아침상을 가져왔어요. 아침상에는 고기, 생선, 국수, 떡, 과일 등 온갖 음식들이 가득 차려져 있었어요. 이정구는 음식들을 오랫동안 천천히 맛있게 먹었어요.

왕세정은 점심때가 다 되어서야 돌아왔어요.

"아침은 맛있게 드셨습니까?"

왕세정의 물음에 이정구가 고개를 절레절레 흔들며 이렇게 말하는 것이었어요.

"아침을 아직 먹지 못했는데요."

왕세정은 몹시 미안해 하며 하인을 불러 크게 꾸짖었어요.

"아니 여태까지 손님에게 아침을 드리지 않고 무얼 했느냐?"

당황한 하인은 고개를 갸우뚱거리며 대답했어요.

"손님께서는 아침을 벌써 드셨습니다."

그러자 왕세정은 이정구와 하인을 번갈아 쳐다보더니 '껄껄껄' 웃으며 하인에게 말했어요.

"조선 사람들은 온갖 것을 먹어도 밥을 먹지 않으면 식사를 하지 않은 것이다. 그러니 어서 밥을 가져와 올리거라."

이 이야기에서처럼 우리 조상들은 밥 먹는 것을 중요하게 생각했어요. 밥은 음식 이상의 의미로, 살아가는 힘을 주는 원천이었거든요.

'밥이 보약이다'라는 말이 있어요. 이 말은 밥을 잘 먹는 것이 약을 먹는 것보다 낫다는 뜻이에요. 이렇듯 우리 조상들은 오랜 세월 밥으로 건강을 지켜왔답니다.

이 외에도 옛 어른들은 명절 때마다 각기 다른 음식을 만들어 먹으며 일 년 동안의 건강과 평안을 기원했어요.

음력 1월 1일, 설날을 대표하는 음식은 뭐니 뭐니 해도 떡국이지요. 흰 쌀가루를 쪄서 기다랗게 뽑은 가래떡을 썰어 설날 아침에 끓여 먹어요. 여기에는 기다란 가래떡처럼 오래오래 살라는 뜻이 담겨 있어요.

일 년 중 첫 보름달이 뜨는 날인 정월 대보름에는 그 해에 풍년이 들기를 바라는 마음을 담아 음식을 준비했어요. 이른 아침에 오곡밥과 부럼 등을 먹으면서 한 해의 건강을 빌었지요.

오곡밥은 찹쌀, 보리, 수수, 팥, 조, 콩 등 다섯 가지 이상의 곡식을 넣어 지은 밥이에요. 오곡밥을 하루에 아홉 번 먹어야 일 년 내내 건강하다고 해서, 밥을 지어 여러 번 나누어 조금씩 먹었다고 해요.

또 정월 대보름에는 호두, 땅콩, 밤 같은 딱딱한 껍질이 있는 열매를 깨물어 먹었어요. 이것을 '부럼 깬다'고 해요.

일 년 내내 음식으로 건강을 지키고 병을 예방한 우리 조상들의 지혜가 돋보여.

이렇게 부럼을 먹으면 1년 동안 종기나 부스럼 같은 피부병에 걸리지 않는다고 해요.

음력 5월 5일, 단옷날에는 약재를 갈아 꿀물에 타서 먹는 음료수인 제호탕을 먹었어요. 이 음식은 더운 여름을 이기기 위한 것이었어요.

'삼복더위'라는 말을 들어본 적이 있나요? 초복, 중복, 말복을 합쳐서 삼복이라고 하는데요. 삼복은 일 년 중 가장 더운 때를 말해요.

삼계탕

제호탕

뜨거운 것은 뜨거운 것으로 다스린다는 '이열치열'이라는 말도 있어요. 이 말의 뜻처럼 옛 어른들은 더위에 지쳐 있을 때 육개장, 삼계탕 같은 뜨거운 음식을 먹고 더위를 이겨 냈지요.

일 년 중에 밤이 가장 길고 낮이 가장 짧은 동지에는 팥죽을 먹었어요. 동짓날 붉은색을 띤 팥죽을 쑤는 이유가 있어요. 붉은 팥죽을 집 안 곳곳에 한 그릇씩 놓고 대문이나 벽에 뿌리면 못된 귀신들을 내쫓는다고 믿었거든요.
그러면 병에 걸리지 않고 나쁜 일도 막을 수 있다고 여겼지요.

우리는 매일 음식을 먹어요. 우리 몸속에 들어온 음식은 우리가 공부하고 운동하고 노래 부르고 그림을 그리는 등 일상적인 생활을 할 수 있게 해 주지요. 우리가 살아 움직일 수 있는 것은 음식을 먹기 때문이에요.

이런 고마운 음식을 먹을 때에는 맛이 있느냐 없느냐 하는 것을 생각하기보다는 건강을 생각해야 해요.

'돈을 잃으면 조금 잃는 것이요, 명예를 잃으면 많이 잃는 것이요, 건강을 잃으면 모두 잃는 것이다'라는 말이 있어요. 음식으로 병을 예방하고 더불어 치료까지 했던 우리 조상들의 지혜를 배워 건강을 소중히 간직하기로 해요.

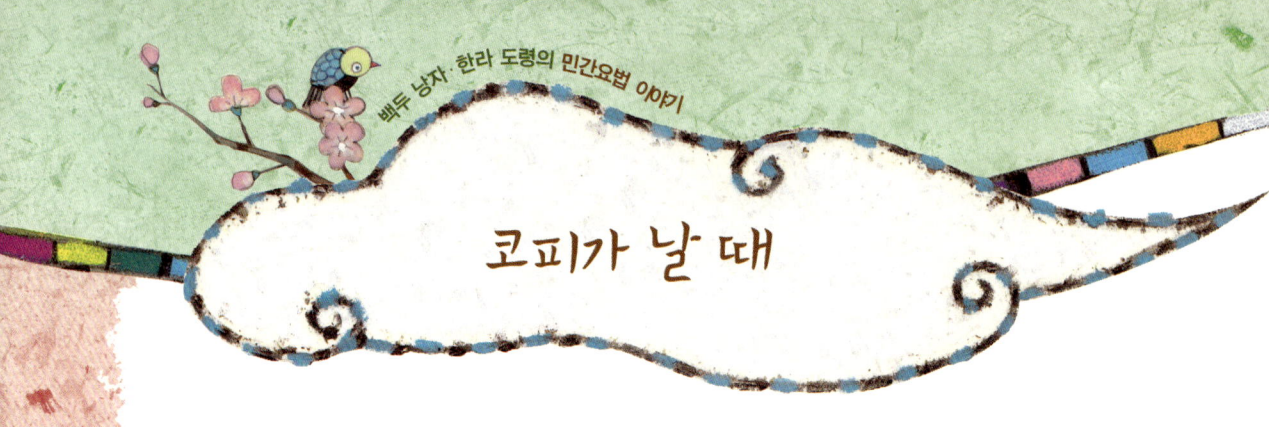

코피가 날 때

누구나 한번쯤 코피를 흘려 본 적이 있을 거예요. 코를 후비거나 코를 세게 풀었을 때나 부딪쳤을 때, 잠을 못 자서 피곤할 때 그리고 별다른 이유 없이 코피를 흘려요.

보통 코피가 나면 머리를 뒤로 젖히고 뒤통수를 두드리는데 이 방법은 좋지 않아요. 코피가 기도로 들어갈 수도 있거든요.

예전부터 사용한 코피를 멎게 하는 응급 처치법, 알아볼까요?

코 앞부분을 엄지와 집게손가락으로 꼭 잡고, 잡은 코 부위를 얼굴뼈 쪽으로 5분 정도 누르고 있어요. 그 뒤에 거즈나 탈지면으로 코를 막아요.

코피가 자주 나면 평상시에 부추를 많이 먹으면 좋아요.

이때, 얼음주머니를 코나 얼굴 부위에 대는 것도 도움이 되지요.

호두

옛날에는 코피가 나면 부추, 호두, 마늘 등을 사용했어요. 마늘을 찧어서 발바닥에 붙이거나 호두를 찧어 얇은 종이에 싸서 콧속에 넣어요. 부추 잎을 잘 비벼서 콧구멍을 막거나 즙을 내어 콧속에 몇 방울 떨어뜨려도 좋아요.

마늘

환절기나 건조할 때는 코피가 나기 쉽기 때문에 습도 조절을 하는 것이 좋아요.

또한, 평상시에 코를 너무 세게 풀지 않아야 해요. 잠을 충분히 자고 물을 많이 마시는 것도 코피 나는 것을 예방하는 좋은 습관이랍니다.

건강은 건강할 때 지키라는 말이 있지요? 우리 조상들은 주변에서 쉽게 구할 수 있는 재료로 누구나 간단하게 할 수 있는 방법으로 병을 예방하고 치료했어요. 이러한 슬기와 지혜를 본받아 건강 지킴이가 되면 좋겠지요?

방 안이 건조할 때는 젖은 빨래를 널면 습도 조절을 할 수 있어요.

부록

교과가 튼튼해지는
우리 것 우리 얘기

우리 조상들의 지혜가 돋보이는 전통 의학 이야기들, 모두 잘 읽어 보았나요?

전통 의학은 우리들이 일상 생활에서 쉽게 이용할 수 있어요. 그리고 필요에 따라 병을 미리 예방할 수도 있지요.

그럼 지금부터 전통 의학의 종류인 약차와 발 마사지를 통해 우리의 건강을 지켜 보아요.

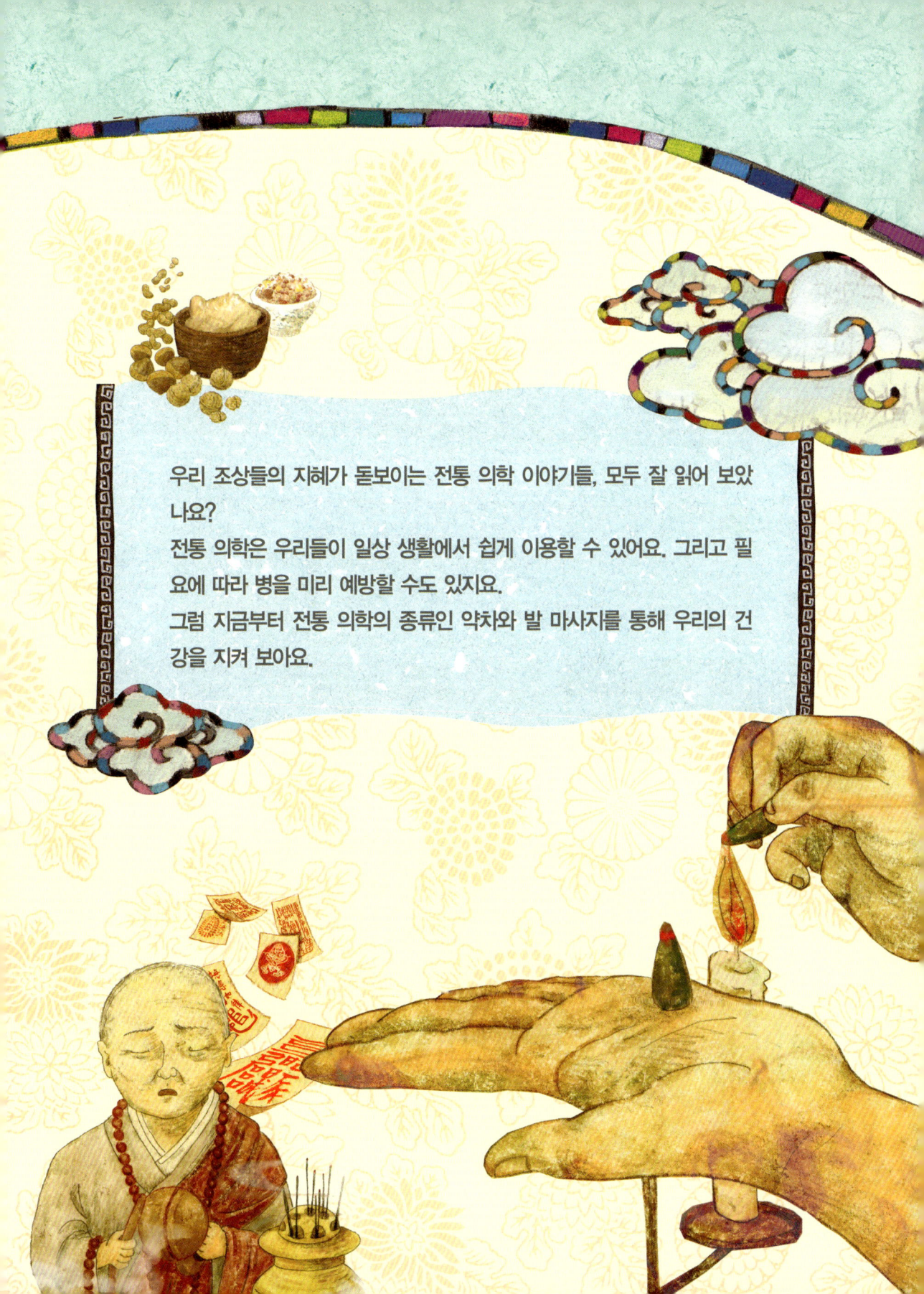

약차로 건강을 지켜요

맛도 좋고 건강도 지키는 약차! 효능에 대해 알아 볼까요?

매실차, 대추차, 녹차, 율무차, 유자차, 인삼차 등을 약차라고 해요. 약차는 한약재를 이용해 끓이는 차예요. 약효가 있는 풀이나 나뭇잎, 뿌리, 열매, 꽃, 씨앗 등을 물에 넣어 달이거나 녹여 낸 뒤 마시는 차예요. 약차를 계속 마시다 보면 약차의 매력에 빠져들 거예요.

대추차

쉽게 피로를 느끼는 사람이 마시면 좋아요. 대추의 단맛은 긴장을 완화시켜 주어 스트레스 해소에 좋거든요. 비염에도 효과가 있고 성질이 따뜻해 몸을 따뜻하게 해요. 장의 독성을 줄여 주는 성분이 들어 있어 복통과 설사에 좋답니다.

생강차

생강은 종합 위장약이에요. 생강 특유의 매운 성분이 위 점막을 자극해 소화액의 분비를 촉진하기 때문에 소화 불량에 좋아요. 따뜻한 성질이 있어서 기침이 심할 때나 목이 아프고 답답할 때 모과와 생강을 함께 끓여 마시면 좋아요. 몸에 열이 있는 사람은 많이 먹지 않는 것이 좋답니다.

감잎차

감잎에는 레몬보다 20배 많은 비타민 C가 들어 있어요. 5~6월에 난 감나무의 어린 잎에 비타민이 가장 많아요. 또한 칼슘, 인, 철 같은 무기질도 풍부하고 엽록소 함량이 높아 피부 미용에도 좋아요.

다시마차

다시마는 미역과 함께 해조류를 대표해요. 칼슘과 요오드, 무기질이 풍부해 피를 맑게 해요. 칼로리가 거의 없어서 다이어트에 좋아요.

율무차

율무에는 탄수화물, 지방, 단백질, 비타민 같은 영양소가 풍부해요. 소화가 잘 되게 도와주고, 입에서 냄새가 날 때 마시면 좋아요. 진통 작용이 있어 관절이 붓고 통증이 있을 때 증상을 가라앉혀요.

매실차

신맛이 나는 매실에는 칼슘, 인, 칼륨 같은 무기질과 카로틴이 많이 들어 있어요. 해독, 살균 효과가 탁월해서 상한 음식을 먹고 탈이 났을 때 효과가 있어요.

솔잎차

갓 따낸 어린 솔잎으로 담그는 솔잎차는 몸에 쌓인 노폐물을 배출하는데 좋아요. 고혈압이나 불면증에 좋고, 노화 방지에 큰 효과가 있어요.

발 마사지로 건강을 지켜요

발소리만 듣고도 그 사람의 건강 상태를 알아맞힐 수 있다면 정말 신기하겠지요?
발 건강은 몸 전체의 건강과 연결되어 있어요. 제2의 심장이라고 불리는 발은 인체의 모든 신경과 연결되어 있는 인체의 축소판이거든요.

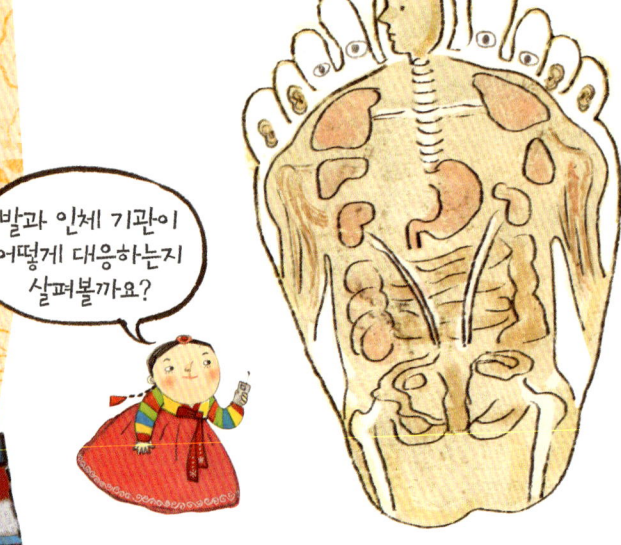

발과 인체 기관이 어떻게 대응하는지 살펴볼까요?

엄지발가락은 머리와 얼굴, 둘째와 셋째발가락은 눈, 넷째와 새끼발가락은 귀, 발의 가운데 우묵한 부분은 위와 신장과 연결되어 있어요. 발꿈치는 생식기, 발 안쪽은 척추와 갑상선, 발 바깥쪽은 어깨, 무릎과 연결되어 있답니다.

> 발 마사지는 왼발에서 오른발 순서로 해요.

감기 예방에 좋은 발 마사지 엄지와 검지 손가락으로 엄지발가락과 둘째 발가락 사이를 눌러 주어요. 차례로 다른 발가락 사이도 문질러 주면 좋아요.

딸꾹질이 심할 때 좋은 발 마사지 양손을 발 밑에 대고 양손 엄지로 볼록한 발등을 가로로 문질러요.

기침을 할 때 좋은 발 마사지 둘째부터 새끼발가락까지의 발바닥 부분을 양손으로 잡고 지그재그로 문질러 주듯이 마사지해요.

성장 발달에 좋은 발 마사지 발 안쪽의 엄지발가락 밑을 눌러 주면서 발바닥 쪽으로 밀어 내려요.

두뇌 발달에 좋은 발 마사지 원을 그리듯이 엄지발가락을 누르면서 마사지해요.

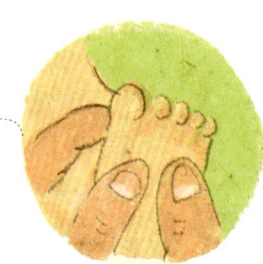

발 마사지를 하면서 주의해야 할 점이 있어요. 식사 후에 1시간 30분 정도 지난 다음에 해야 몸에 부담이 되지 않아요. 또 좋다고 무조건 많이 하는 것은 오히려 해가 될 수 있어요. 발 마사지를 할 때는 천연 크림을 사용하는 게 좋아요. 발 마사지 후에는 따뜻한 수건으로 발을 감싸서 보호해 주도록 해요.

〈오십 빛깔 우리 것 우리 얘기〉 시리즈
권별 교과 연계표

 국어   사회   과학   도덕   음악   미술
 체육   실과  바른 생활  슬기로운 생활 즐 즐거운 생활

- 신 나는 열두 달 명절 이야기   사 3-2   사 5-1   사 5-2   슬 1-2
- 관혼상제 재미있는 옛날 풍습   국 1-2   국 4-1   사 3-2   사 5-2
- 조상들은 어떤 도구를 썼을까   국 2-2   사 3-1   사 5-1   사 5-2
- 옛날엔 이런 직업이 있었대요   국 5-1   국 6-2   사 3-1   사 4-2
- 꼭 가 보고 싶은 역사 유적지   국 4-1   국 4-2   사 6-1   사 6-2
- 신토불이 우리 음식   국 3-1   사 3-1   사 5-1   사 6-2
- 어깨동무 즐거운 우리 놀이   국 4-1   사 5-2   체 4   즐 2-2
- 나라를 다스린 법 백성을 위한 제도   사 3-2   사 4-1   사 6-1   사 6-2
- 하늘을 감동시킨 효자 이야기   도 3-1   도 5   바 1-1   바 2-2
- 오천 년 지혜 담긴 건물 이야기 국 4-1   국 4-2   사 5-1   사 5-2
- 세계가 놀란 발명 이야기   국 3-1   국 5-2   사 3-1   사 5-2
- 빛나는 보물 우리 사찰   국 4-1   사 6-2   바 2-2
- 나라의 자랑 국보 이야기   국 5-2   사 6-1   사 6-2   바 2-2
- 나라를 지킨 호랑이 장군들   국 4-2   국 6-1   사 6-1   바 2-2
- 오천 년 우리 도읍지   국 4-1   사 5-2   사 6-1
- 하늘이 내린 시조 임금님들   국 6-2   사 5-2   사 6-1   바 2-2
- 옛날 관청과 공공시설   사 3-1   사 3-2   사 6-1   사 6-2
- 옛사람들의 우정 이야기   국 4-1   국 6-2   도 3-1   바 1-1
- 얼쑤 흥겨운 가락 신 나는 춤   국 6-1   국 6-2   사 3-1   음 3
- 아름다운 독도와 우리 섬   국 2-1   국 4-1   국 5-2   사 4-1
- 오천 년 우리 강 이야기   사 3-2   사 5-1

- 생명의 보물 창고 우리 생태지 　국 2-1　국 4-2　사 6-1　과 5-2
- 우리가 지켜야 할 천연기념물 　국 2-1　과 3-2　과 4-1　과 5-2
- 놀라운 발견 생활의 지혜 　국 2-1　국 2-2　사 3-1　사 5-1
- 옛사람들의 교통과 통신 　사 3-2　사 4-1　사 5-2
- 민족의 영웅 독립운동가 　국 6-2　사 6-1　바 2-2
- 교과서 속 우리 고전 　국 3-1　국 4-2　국 5-1　국 6-2
- 우리 국토 수놓은 식물 이야기 　국 1-1　국 5-1　과 4-2　바 1-2
- 우리 조상들의 신앙생활 　국 5-2　사 3-2　사 5-2　사 6-1
- 안녕 꾸러기 친구 도깨비야 　국 2-2　국 3-1　국 4-1　사 3-2
- 빛나는 솜씨 뛰어난 재주꾼들 　국 4-2　사 6-1　음 4　미 3, 4
- 아름다운 궁궐 이야기 　국 4-1　사 6-1　미 5　바 2-2
- 전설 따라 팔도 명산 　국 2-1　국 2-2　사 5-1　음 6
- 방방곡곡 우리 특산물 　사 3-1　사 4-1　사 5-2
- 수수께끼를 간직한 자연과 문화 　국 4-1　사 5-2　바 2-2
- 알쏭달쏭 열두 띠 이야기 　국 3-1　사 3-2　사 5-2　사 6-1
- 천하제일 자린고비 이야기 　국 6-2　사 4-2　도 5　실 5
- 본받아야 할 우리 예절 　국 3-2　도 4-1　도 5　바 2-1
- 이야기가 술술 우리 신화 　국 1-2　국 6-2　사 3-2　사 5-2
- 머리에 쏙쏙 선조들의 공부법 　국 4-1　국 4-2　국 6-2　도 3-1
- 역사를 빛낸 여자의 힘 　사 6-1　바 2-2
- 신명 나는 우리 축제 　사 3-1　사 4-1
- 우리가 알아야 할 북한 문화재 　국 4-2　사 5-1　바 2-2
- 조상들의 지혜 전통 의학 　사 5-1　사 5-2　과 5-2
- 큰 부자들의 경제 이야기 　사 3-2　사 4-2　사 5-2　슬 2-2
- 멋스러운 옛시조 흥겨운 우리 노래 　국 3-1　국 4-1　국 5-1　국 6-1
- 봄 여름 가을 겨울 24절기 　사 5-1　사 6-1　과 6-2　슬 6-2
- 멋스러운 우리 옛 그림 　국 4-2　사 6-1　미 3, 4　미 5
- 나누는 즐거움 우리 공동체 　도 4-1　바 2-2
- 정다운 우리나라 동물 이야기 　국 2-1　국 2-2　국 6-1　과 3-2

오십 빛깔 우리 것 우리 얘기 44
조상들의 지혜 전통 의학

초판 1쇄 인쇄 | 2011년 12월 14일
초판 1쇄 발행 | 2011년 12월 19일

글쓴이 | 우리누리
그린이 | 김은미

발행인 | 김우석
편집장 | 신수진
책임 편집 | 최은정
편집 | 이정은
마케팅 | 공태훈, 김동현, 이진규

디자인 | bysukey.com
인쇄 | 성전기획

발행처 | 중앙북스
등록 | 2007년 2월 13일 제 2-4561호
주소 | (100-732) 서울시 중구 순화동 2-6번지
편집문의 | (02)2000-6320
구입문의 | 1588-0950
팩스 | (02)2000-6174

ⓒ 우리누리, 2011

ISBN 978-89-278-0142-9 14800
　　　978-89-278-0092-7 14800(세트)

이 책은 중앙북스(주)가 저작권자와의 계약에 따라 발행한 것이므로
이 책 내용의 일부 또는 전부를 이용하려면 반드시 중앙북스(주)의 서면 동의를 받아야 합니다.

- 많은 사람이 최선을 다해 만든 책입니다.
　그러나 혹시라도 잘못된 내용이 있으면 편집부로 연락바랍니다.
- 잘못 만들어진 책은 구입하신 서점에서 교환해 드립니다.
- 주니어중앙 카페에서 이 책과 관련된 독후활동 자료를 무료로 다운 받으실 수 있습니다.
　http://cafe.naver.com/jbookskid.